漢字

기탄 교과서 한자가 초등 한자교육의 기준이 되겠습니다

기탄의 교육이념과 함께 하며 자녀 교육을 몸소 실천해 주신 수백만 학부모님의 사랑으로 이제 기탄은 학부모님께 자녀교육의 기본이자 시작으로 인식 되고 있습니다. 값비싼 사교육비를 들이지 않고도 '과연 내 아이를 잘 가르칠 수 있을까? 하고 의구심을 가졌던 분들도 기탄으로 자신 있게 가르치며 남다른 학습효과를 보고 있다고 이구동성으로 말씀하십니다.

최근 들어 기탄교재로 공부하는 어린이들이 폭발적으로 증가하고 있는 것은 그 동안 타성에 젖어 비싼 사교육에만 의존하던 학부모님들의 의식에 일대 변혁이 일어나고 있다는 증거이며, 자녀교육의 새로운 시작을 알리는 메시지라고 생각합니다.

초등한자의 바이블! 기탄교과서한자입니다

기탄교육은 기탄한자(A~D단계) 이후 학습할 수 있는 한자 학습프로그램을 만들어 달라는 학부모님들의 많은 성원에 힘입어 새롭게 기탄교과서한자를 선보이게 되었습니다. 기탄교과서한자는 기탄한자의 연계 학습프로그램으로 초등교과서 90여권을 총 분석, 10만여 한자어를 정리한 방대한 데이터베이스를 확보하였습니다. 이 중 교과서 출현 빈도, 중학교 교육용 필수 한자 범위 내에서 530여 한자어를 국어, 수학, 사회과 탐구 등 다양한 영역의 한자를 학습하게 했습니다.

 특히 학교별 학력평가시험(일제고사) 부활로 인해 교과별 영역별 성적표에 성취도가 등급화 되는 것을 반영, 초등 교과서에 실린 각 과목의 한자어와 교과서 유형 문장학습으로 예습, 복습의 효과와 기초 논술력까지 길러줍니다. 뿐만 아니라 한자 카드, 쓰기 보따리, 형성평가가 입체적인 한자 학습을 이끌어갑니다. 또한 중국어에 대한 관심이 늘어가는 것을 고려, 간체자를 익혀 중국어 학습의 연계와 어학능력 계발의 기회를 마련하였습니다. 기탄한자에서 기탄교과서한자까지! 이제 유·초등 한자교육은 기탄한자에 맡겨 주십시오.

부모가 바뀌지 않으면 아이도 바뀌지 않습니다

무조건 비싼 사교육비를 들여서 아이를 남에게 맡긴다고 성적이 좋아지는 것은 아닙니다.
자녀교육은 부모의 사랑과 관심이 있어야 학습효과가 배가됩니다. 이제부터 부모님이 직접 챙겨주세요.
무조건 사교육에 우리 아이들을 맡기기 보다는 아이들 스스로 공부하는 힘을 길러줄 수 있도록 기초교육만큼은 부모님께서 직접 챙겨주세요. 앞으로도 기탄교육은 자녀와 함께 공부할 수 있는 최상의 교재를 만들기 위해 항상 먼저 학부모님의 마음을 들여다 보며 최선의 노력을 다하겠습니다.
기탄을 사랑하는 대한민국 모든 학부모님께 진심으로 감사의 말씀을 드립니다.

(주) 기탄교육 임직원 일동

기탄교과서한자는
초등학교 교과서에 쓰인 한자어를
총체 분석한 어휘력 향상 한자 학습 프로그램입니다

● **초등학교 교과서 90여권을 총분석, 교과서에 쓰인 한자어를 집대성한, 방대한 데이터베이스를 갖추어 학습 한자어를 선정, 발췌하였습니다.**

기탄교과서한자는 지금까지 어떤 학습지사에서도 시도하지 않은 과학적, 실용적인 한자어 선정 작업을 거쳤습니다. 초등학교 교과서 90여권에 쓰인 한자어 분석 작업을 성균관대학교 한문학과 학생들에게 의뢰하여 10만여 한자어를 정리한 방대한 양의 데이터베이스를 갖추었습니다. 이중 교과서 출현 빈도와 실용도, 한자 학습상의 난이도를 고려하고, 중학교 교육용 필수한자의 범위 내에서 530여 한자어를 선정하여 국어, 수학, 사회와 탐구, 음악, 미술 등 다양한 영역에서 실용도 높은 한자어를 학습하게 됩니다. 또한 커리큘럼의 전개 방식은 학습자들이 낱낱의 한자 암기가 아닌, 교과서 예문 유형의 문장 속에서 한자와 한자어의 쓰임을 체득하여 어휘력을 신장시킬 수 있는 한자 학습 프로그램입니다.

● **낱개의 한자 학습 뿐만 아니라 언어 사고력을 높여 초·중·고등학교의 학력 평가와 논술의 기초 능력을 길러 줍니다.**

초·중·고등학교의 시험이 달라집니다. 8년 전 폐지되었던 학교별 학력 평가 시험(일제고사)이 시행되고 교과별, 영역별 성적표에 성취도가 등급화 되어 반영됩니다. 또, 2007학년도부터 중·고등 내신평가에서 종전의 단답형 시험유형을 줄이고 논술, 서술형의 시험문항 출제 비중이 50%로 확대되어 집니다. 기탄교과서한자는 초등학교 교과서에 실린 각 과목의 한자어와 교과서 유형 문장 학습으로 학습내용의 예습, 복습의 효과와 논술의 기초 능력까지 길러 줍니다.

● **학습자 스스로 한자의 무궁무진한 조어(造語)기능, 의미 함축 기능, 의미 확인 기능을 직접 체험할 수 있도록 구성하였습니다.**

▶ 기탄교과서한자에서는 기초과정에서 이미 학습한 한자와 새로 배우는 한자를 더하여 교과서에 쓰인 한자어를 익히게 됩니다. 이러한 학습 과정을 통해 한자가 가진 조어력(造語力)을 아이들 스스로 체험해가며 조어와 독해의 원리까지 깨닫게 됩니다.

信 + 用 … 信用 언행이나 약속이 틀림이 없을 것으로 믿음
  + 義 … 信義 믿음과 의리
  + 念 … 信念 굳게 믿어 의심하지 않는 마음

▶ 기탄교과서한자에서는 한자의 의미함축 기능을 익혀 전문화된 용어의 이해를 돕고, 아이들이 사용할 수 있게 됩니다. 한자는 뜻글자로서 하나의 한자마다 뜻을 함축하고 있어 전문용어나 고등지식의 습득을 용이하게 합니다.

투수?
… 던질 투(投) 손 수(手)
그러면 던지는 손. 아하! 던지는 사람
… 사전적 의미
야구에서 내야의 중앙에 위치하여 포수를 향해 공을 던지는 사람

▶ 기탄교과서한자에서는 한자의 의미 확인 기능을 익혀 언어의 바른 의미를 쉽게 파악할 수 있습니다. 한글로 쓰인 '의사'는 대략 8개 정도의 뜻을 지니고 있어 醫師(의사)인지, 意思(의사)인지, 아니면 義士(의사)인지 알기 어렵습니다. 그러나 한자를 익히면 의미가 명시적으로 드러나 그 뜻을 바로 확인할 수 있습니다.

의사
… 意思 : 무엇을 하려고 하는 생각이나 마음
… 義士 : 의리와 지조를 굳게 지키는 사람
… 醫師 : 의술과 약으로 병을 고치는 직업에 종사하는 사람

기탄교과서한자는
낱개의 한자 학습 뿐만 아니라 언어 사고력을 높여
논술의 기초 능력까지 향상시키는 프로그램입니다

- **초등학교 교과서에 쓰인 한자어를 학습합니다.**
  초등학교 교과서에 쓰인 중학교 교육용 한자 900자 범위의 한자어를 사용 빈도, 출현 횟수, 한자 학습상의 난이도를 고려하여 학습 한자와 한자어를 선정하였습니다. 이는 종래의 한자 중심의 배열방식에서 벗어나 실용한자를 익혀 학습자의 언어 사고력을 높여 학습능력을 높이는 학습목표를 담아낸 것입니다.

- **한자의 특성을 학습자가 체험하며 깨닫는 원리체험 학습 프로그램입니다.**
  한자가 갖는 문자학적 특징은 조어력, 의미 함축성, 의미 명시성이 있습니다. 기탄교과서한자에서는 학습자가 스스로 이러한 특성을 깨달을 수 있게 됩니다. A~D단계의 학습으로 기초적인 상형, 지사자를 익힌 아이들은 기초적인 한자와 새로 배우게 될 한자의 결합, 즉 조어(造語)과정을 몸소 체험하며 깨달을 수 있게 됩니다. 이러한 경험으로 처음 만나는 단어를 접할지라도 그 의미를 유추하고 파악할 수 있는 능력을 기르도록 개발되었습니다.

- **문학, 인문, 역사, 위인, 실용문 등 다양한 영역의 폭넓은 소재를 통해 한자를 흥미롭게 학습합니다.**
  교과서에 실린 한자어를 교과서 유형의 단문 뿐만 아니라 다양한 글감들을 통해 심화학습하게 됩니다. 동화작가의 창작동화, 위인이야기, 시, 신문, 전래동화 등 문학, 인문, 역사, 위인, 실용문 등을 통해 한자를 흥미롭게 익힐 수 있도록 구성하였습니다.

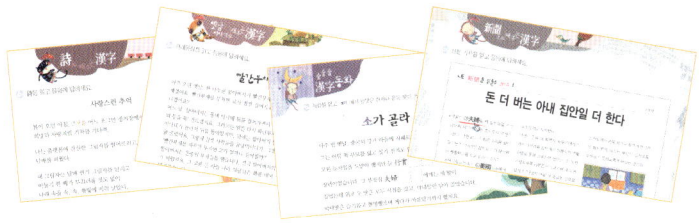

- **기출 한자의 복습 재생으로 파지 효과를 높일 수 있습니다.**
  3주마다 한 번씩 독립된 복습주를 운용하여 학습내용의 파지 효과를 높일 수 있습니다. 또 매 장마다 앞서 배운 한자를 하단에 기재하여 교재내의 사전적 기능을 높이고 자학자습이 가능하도록 구성하였습니다.

- **한자 카드, 쓰기 보따리, 형성평가를 이용한 입체적 학습 방법론을 제시하였습니다.**
  학습지를 읽고 풀이하는 학습과 병행하여 한자 카드를 통한 훈음 기억 학습, 쓰기 보따리를 이용한 한자 암기 학습, 형성평가를 통한 자가 진단 등 주교재 이외의 학습 도구를 제시하였습니다. 이러한 보조교재들을 통해 아이들은 지루하지 않게 한자를 익히고 실력을 향상 시킬 수 있습니다.

- **간체자를 익혀 중국어 학습의 연계와 어학 능력 계발의 기회를 마련하였습니다.**
  학습 한자에 해당되는 간체자를 제시하여 한자 학습의 실용도를 높였습니다. 간체자를 아이가 모두 암기하지 못하더라도 간체자의 개념을 알게 되고, 중국어 학습에 자발적인 흥미유발의 기회가 될 수 있습니다.

어렸을 때 배운 한자는 평생을 통해 활용됩니다
한자 학습의 중요성이 날로 높아지고 있습니다

● 한자 학습은 왜 필요할까요?

한자 학습은 이제 선택이 아닌 필수가 되었습니다. 우리의 언어 생활에 반드시 필요한 영역이라는 인식과 함께 한자가 지닌 학문적 전이성, 시대적 필요성 등이 재해석 되고 있기 때문입니다.

첫째, 우리말의 70% 이상이 한자어로 이루어졌기 때문에 기본적인 언어 생활에 도움을 줍니다. 곧 우리말을 바르게 이해하고 올바른 국어 생활을 하기 위해서는 한자를 아는 것이 필수적입니다.

둘째, 국어, 수학, 사회, 역사, 외국어 등 다른 학과 공부에 많은 도움을 줍니다. 예를 들어 수학을 공부할 때 분자(分子), 분모(分母), 분수(分數) 등 한자를 알고 있는 아이라면 수학의 개념도 훨씬 더 쉽고 정확하게 이해할 수 있습니다. 이렇게 한자는 타과목의 도구 교과적인 성격을 갖고 있습니다.

셋째, 어휘력과 이해력의 신장으로 문장 의미 파악이 쉬워져 책을 가까이 하는 아이로 만들어 줍니다. 한자는 조어력(造語力)과 의미 함축성이 매우 뛰어난 문자입니다. 이러한 이유로 전문서적이나 학술 용어 등은 한자로 표현되어 있습니다. 많은 양의 독서 경험은 곧 아이의 생각하는 힘과 창의력을 길러 줍니다.

넷째, 한자나 한문에는 선인들의 지혜와 윤리관이 배어 있어 바람직한 가치관과 예의범절을 배울 수 있습니다. 고전, 명문 속에 담긴 효행, 우애, 경로 등 사상적인 유산을 통해 바람직한 가치관을 가질 수 있고 나아가 사람이 해야 할 도리, 어른을 공경하는 자세, 학문을 배우는 자세 등도 익힐 수 있습니다.

● 한자 학습의 추세는 어떤가요?

한자 사용을 사대주의적 발상, 중국의 문자 차용이라고 보는 종전의 시각에서 벗어나 이제는 우리 언어의 일부라는 인식이 확대되어 초등학생부터 성인까지 한자 학습 열풍이 불고 있습니다.

첫째, 한자능력검정시험의 자격증이 국가 공인 자격증으로 인정됨에 따라 유아~성인에 이르기까지 한자 학습 붐이 일고 있습니다.

둘째, 21세기의 주역으로 한자 문화권이 급부상함에 따라 중국어, 일본어의 기초로서 한자 학습의 열기가 높아지고 있습니다. 한자는 세계인구의 1/4이 사용하고 있는 국제 문자로서 앞으로 그 중요성은 날로 높아질 것입니다.

셋째, 2005년부터 대학 수학 능력 시험 외국어 영역에 한문 과목이 추가되고 중·고등학교의 시험 출제 유형에서 논술 유형 출제 비중이 높아짐에 따라 한자 학습의 조기 교육이 일반화되어 가고 있는 상황입니다.

넷째, 대부분의 초등학교에서 재량시간으로 한자 학습을 시행하고 있습니다. 70년대 이후 한자 교육을 전혀 받지 못했던 부모님들과는 달리 현재 대부분의 초등학생들이 한자를 배우고 있습니다.

다섯째, 각종 공문서, 도로 표지판 등에 한자를 병기하는 국가 정책과 경제계, 교육계 등 각계의 한자 학습 요구에 대한 발표로 한자 학습의 중요성은 더욱 높아지고 있는 상황입니다.

한자 학습은 아이의 두뇌를 개발해 줍니다
한자 학습의 체계! 기탄한자가 잡아 줍니다

● 한자 학습의 효과는 무엇인가요?

▶ 한자는 그림에서 시작된 문자로서 구체적 이미지 자체가 곧 문자가 되었습니다. 이러한 시각적 이미지를 통한 학습은 곧 아동의 우뇌를 자극해 줍니다.

▶ 한자는 하나의 기초 개념에서 새로운 개념을 창출해 나갑니다. 이러한 과정을 통하여 아동의 창의력, 어휘력을 길러 줍니다.

▶ 한자는 저마다의 뜻, 소리, 모양을 각기 지닌 문자입니다. 이렇게 저마다의 뜻과 소리, 모양을 분석하는 연습을 통해 아동의 좌뇌 발달을 돕습니다.

▶ 한자는 부수와 몸이라는 수많은 부속품들의 조합으로 이루어진 문자입니다. 이러한 부속품들의 분리와 합체 과정을 통해 아이의 좌뇌를 발달하게 하고 논리력, 분석력을 키워 줍니다.

▶ 한자가 갖는 문자학적 특징은 조어력, 의미 함축성, 의미 명시성이 있습니다. 이미 만들어진 한자와 한자를 결합하여 새로운 단어를 만드는 조어력, 의미를 함축적으로 표현할 수 있는 의미 함축성, 의미가 바로 드러나는 의미 명시성이 있습니다.

한자 학습의 연구가 활발히 이루어지는 일본에서는 한자 학습의 시기가 빠를수록 좋다고 합니다. 그것은 우뇌 발달 시기인 6세 이전에 표의문자를 더 쉽게 받아들일 수 있으며, 초등학교 1학년 때가 가장 높은 효과를 보인다는 주장입니다. 그러므로 어른들의 관점으로 한자가 유아들에게 어렵다는 편견은 버려야 하며 한글을 어느 정도 읽을 수 있는 시기라면 한자 학습의 적기라고 할 수 있습니다.

● 기탄한자는 어떻게 구성되었나요?

▶ 기탄한자는 그림과 놀이로 시작하는 기초 한자 과정에서부터 고전명저의 명문장까지 한자 학습의 체계를 세우는 프로그램입니다. 중학교 교육용 한자 900자의 범위에서 기초한자(낱자)과정 ➡ 조어(교과서 한자어)과정 ➡ 문장(고전)과정의 학습까지 한자 학습의 체계를 세우는 학습목표로 개발되었습니다.

▶ 기초한자(낱자)과정(A단계~D단계)에서는 한자를 처음 시작하는 유아에서 한자 학습의 경험이 없는 초등학교 2학년생을 대상으로 상형자, 지사자 등 쉬운 개념의 기초한자 168자를 익히게 됩니다.
시각 이미지를 통한 그림한자의 각인과 다양한 부교재를 통한 놀이 학습으로 재미있게 학습하는 특성을 지니고 있습니다. 또, 최고의 일러스트와 세련된 디자인으로 아동의 정서적 심미감을 기를 수 있는 프로그램입니다. 기존의 한자 교재와는 차별화된 학습 효과를 얻을 수 있습니다.

▶ 조어(교과서 한자어)과정(E단계~G단계)에서는 총 90여권의 초등학교 교과서에 쓰인 모든 한자어를 사용 빈도와 한자 난이도에 따라 분석한 방대한 양의 데이터베이스를 갖추어 156자의 학습 한자와 530여 한자어를 선정하였습니다.

신출 한자와 이미 학습한 기출 한자를 조합하여 새로운 어휘를 만들어 내는 무궁무진한 조어(造語)의 원리를 아이가 스스로 깨달아 이해력과 어휘력이 높은 아이로 자라나게 해줍니다. 또 단편적인 한자 암기 학습에서 벗어나 국어, 수학, 사회, 과학 영역의 다양한 예문 학습과 창작 동화, 인물, 시, 신문, 고전이야기 등의 학습으로 학교 수업에 자신감을 길러 주고 나아가 어휘력, 사고력 향상으로 논술의 기초 능력까지 배양해 줍니다.

구성내용

A·B단계 교재별 구성내용은 이렇습니다

◆ 기탄한자 A단계 호별 학습 내용 및 부교재

집	호		학습 한자	학습 한자어	부교재
1집	1	1a ~ 12a	山, 川, 日	강산, 등산/ 하천, 산천/ 日기, 日월	한자 모형 놀이 한자 카드 한자어 카드
	2	13a ~ 24a	月, 火, 水	반월, 月급/ 火산, 火재/ 水영장, 水요일	
	3	25a ~ 36a	木, 金, 土	木수, 식木일/ 金구, 황金/ 국土, 土지	
	4	37a ~ 48a	복습+놀이 학습	복습	
2집	5	49a ~ 60a	一, 二, 三	一등, 통一/ 二층, 二학년/ 三각형, 三총사	한자 창열기 놀이 한자 카드 한자어 카드
	6	61a ~ 72a	四, 五, 六	四방, 四계절/ 五선지, 五월/ 六학년, 六반	
	7	73a ~ 84a	七, 八, 九	북두七성, 七면조/ 八도강산, 八방미인/ 九관조, 九구단	
	8	85a ~ 96a	복습+놀이 학습	복습	
3집	9	97a ~ 108a	十, 百, 千	十자가, 十월/ 百점, 百화점/ 千자문, 千리마	한자 파노라마 놀이 한자 카드 한자어 카드
	10	109a ~ 120a	耳, 目, 口	耳목, 耳비인후과/ 제目, 면目/ 식口, 출입口	
	11	121a ~ 132a	人, 手, 足	人간, 人형/ 手술, 선手/ 足구, 수足	
	12	133a ~ 144a	복습+놀이 학습	복습	
4집	13	145a ~ 156a	田, 石, 玉	유田, 대田/ 石공, 石굴암/ 백玉, 玉동자	한자 브로마이드 한자 카드
	14	157a ~ 168a	力, 大, 小	인力거, 풍力/ 大학생, 大가족/ 小아과, 小인국	
	15	169a ~ 180a	上, 中, 下	上의, 上행선/ 中국, 中심/ 下교, 下인	
	16	181a ~ 192a	복습+총괄 평가+놀이 학습	복습	

◆ 기탄한자 B단계 호별 학습 내용 및 부교재

집	호		학습 한자	학습 한자어	부교재
1집	1	1a ~ 12a	犬, 牛, 羊	충犬, 애犬/ 牛유, 牛마차/ 羊모, 백羊	한자 모형 놀이 한자 카드 한자어 카드
	2	13a ~ 24a	父, 母, 子	父모, 父자/ 母녀, 학부母/ 子녀, 여子	
	3	25a ~ 36a	生, 心, 身	生일, 선生/ 心신, 안心/ 身체, 身장	
	4	37a ~ 48a	복습+놀이 학습	복습	
2집	5	49a ~ 60a	車, 士, 己	車도, 자전車/ 군士, 박士/ 자己, 극己	한자 창열기 놀이 한자 카드 한자어 카드
	6	61a ~ 72a	自, 工, 門	自동차, 自연/ 목工, 工장/ 대門, 창門	
	7	73a ~ 84a	刀, 王, 白	단刀, 은장刀/ 王자, 국王/ 白지, 흑白	
	8	85a ~ 96a	복습+놀이 학습	복습	
3집	9	97a ~ 108a	魚, 貝, 鳥	인魚, 魚항/ 貝물, 貝총/ 백鳥, 길鳥	한자 파노라마 놀이 한자 카드 한자어 카드
	10	109a ~ 120a	主, 册, 雨	主인, 主객/ 册상, 공册/ 雨산, 雨의	
	11	121a ~ 132a	風, 里, 竹	風차, 강風/ 里장, 里정표/ 竹림, 竹도	
	12	133a ~ 144a	복습+놀이 학습	복습	
4집	13	145a ~ 156a	草, 花, 馬	약草, 草가/ 무궁花, 花원/ 경馬장, 馬부	한자 브로마이드 한자 카드
	14	157a ~ 168a	男, 女, 夕	男녀, 미男/ 소女, 선女/ 夕양, 추夕	
	15	169a ~ 180a	舌, 齒, 面	작舌차, 舌음/ 齒과, 충齒/ 가面, 수面	
	16	181a ~ 192a	복습+총괄 평가+놀이 학습	복습	

C · D단계 교재별 구성내용은 이렇습니다

◆ 기탄한자 **C단계** 호별 학습 내용 및 부교재

집	호		학습 한자	학습 한자어	부교재
1집	1	1a ~ 12a	文, 化, 言, 才	文인, 文신/ 化석, 문化/ 言어, 言론/ 다才, 천才	한자 맞추기 놀이 한자 카드 한자어 카드
	2	13a ~ 24a	兄, 弟, 交, 友	兄제, 학부兄/ 의형弟, 弟자/ 交통, 외交/ 交友, 전友	
	3	25a ~ 36a	多, 少, 血, 肉	多정, 多소/ 少녀, 노少/ 심血, 血육/ 肉식, 肉신	
	4	37a ~ 48a	복습+놀이 학습	복습	
2집	5	49a ~ 60a	出, 入, 內, 外	出구, 出생/ 入구, 出入/ 國內, 차內/ 外국, 內外	한자 병풍 놀이 한자 카드 한자어 카드
	6	61a ~ 72a	去, 來, 立, 坐	去래, 과去/ 來일, 미來/ 자立, 立동/ 정坐	
	7	73a ~ 84a	光, 明, 行, 步	光명, 풍光/ 문明, 明월/ 산行, 行진/ 步행, 步행	
	8	85a ~ 96a	복습+놀이 학습	복습	
3집	9	97a ~ 108a	天, 地, 江, 河	天사, 天국/ 天地, 地구/ 江산, 江촌/ 河천, 은河수	한자 주사위 놀이 한자 카드 한자어 카드
	10	109a ~ 120a	毛, 皮, 角, 蟲	毛피, 양毛/ 목皮, 皮혁/ 녹角, 직角/ 초蟲, 해蟲	
	11	121a ~ 132a	古, 今, 衣, 食	古목, 古서/ 고今, 今일/ 우衣, 하衣/ 외衣, 초食	
	12	133a ~ 144a	복습+놀이 학습	복습	
4집	13	145a ~ 156a	君, 臣, 兵, 辛	君주, 君신/ 臣하, 충臣/ 兵사, 兵력/ 辛병, 辛업	한자 브로마이드 한자 카드
	14	157a ~ 168a	方, 向, 左, 右	지方, 方향/ 풍向, 남向/ 左우, 左향左/ 右회전, 左右명	
	15	169a ~ 180a	本, 末, 分, 合	근本, 本인/ 末일, 본末/ 分교, 分수/ 合창, 合심	
	16	181a ~ 192a	복습+총괄 평가+놀이 학습	복습	

◆ 기탄한자 **D단계** 호별 학습 내용 및 부교재

집	호		학습 한자	학습 한자어	부교재
1집	1	1a ~ 12a	靑, 赤, 音, 色	靑산, 靑년/ 赤색, 赤십자/ 音악, 音색/ 백色, 色지	한자 맞추기 놀이 한자 카드 한자어 카드
	2	13a ~ 24a	住, 所, 姓, 名	의식住, 住택/ 所감, 장所/ 姓명, 백姓/ 名작, 지名	
	3	25a ~ 36a	利, 用, 有, 無	利용, 예利/ 공用, 식用/ 有명, 소有/ 無인도, 無례	
	4	37a ~ 48a	복습+놀이 학습	복습	
2집	5	49a ~ 60a	公, 平, 意, 思	公공, 公무원/ 平화, 平야/ 意견, 동意/ 思고, 思상	한자 병풍 놀이 한자 카드 한자어 카드
	6	61a ~ 72a	老, 弱, 貧, 富	老인, 원老/ 弱세, 노弱/ 貧혈, 貧혈/ 富귀, 富자	
	7	73a ~ 84a	正, 直, 忠, 孝	正직, 正답/ 直선, 直각/ 忠성, 忠언/ 孝도, 孝녀	
	8	85a ~ 96a	복습+놀이 학습	복습	
3집	9	97a ~ 108a	前, 後, 走, 止	역前, 오前/ 오後, 식後/ 활走로, 경走/ 止혈, 금止	한자 주사위 놀이 한자 카드 한자어 카드
	10	109a ~ 120a	法, 道, 完, 全	法률, 法원/ 道로, 道덕/ 完승, 完성, 全국, 안全	
	11	121a ~ 132a	善, 惡, 長, 短	善악, 善행/ 惡마, 惡몽/ 長검, 사長/ 장短, 短명	
	12	133a ~ 144a	복습+놀이 학습	복습	
4집	13	145a ~ 156a	世, 界, 國, 家	世계, 출世/ 외界, 정界/ 國왕, 國어/ 家족, 작家	한자 브로마이드 한자 카드
	14	157a ~ 168a	東, 西, 見, 聞	東서남북, 東해/ 西구, 西부/ 발見, 見학/ 신聞, 풍聞	
	15	169a ~ 180a	南, 北, 兒, 童	南극, 南대문/ 北극, 北상/ 유兒, 兒동/ 목童, 童화	
	16	181a ~ 192a	복습+총괄 평가+놀이 학습	복습	

구성내용

E단계 교재별 구성내용은 이렇습니다

◆ 기탄교과서한자 E단계 호별 학습 내용 및 부교재

집	호		학습 한자	학습 한자어		심화 영역		부교재
1집	1	1a~16a	寸京品市	寸 : 四寸, 外三寸, 四寸間 品 : 食品, 用品, 作品	京 : 上京, 京畿道, 京仁線 市 : 市内, 市場, 市立	창작동화	소중한 지폐 한 장 1	한자 카드 쓰기보따리 형성평가
						고사성어	水魚之交	
						시	사랑스런 추억 – 윤동주	
	2	17a~32a	巨具各曲	巨 : 巨人, 巨大, 巨木 各 : 各各, 各自, 各國	具 : 家具, 道具, 用具 曲 : 作曲, 曲線, 行進曲	창작동화	소중한 지폐 한 장 2	
						고사성어	他山之石	
						시	봄 – 빅토르 위고	
	3	33a~48a	可由原因	可 : 可能, 可決, 不可能 原 : 原子力, 原因, 草原	由 : 自由, 由來, 理由 因 : 原因, 因果, 要因	창작동화	슬기로운 재판 1	
						고사성어	見物生心	
						시	절정 – 이육사	
	4	49a~64a	복습	복습		창작동화	슬기로운 재판 2	
						고사성어	漁夫之利	
						시	동방의 등불 – 타고르	
2집	5	65a~80a	同求失反	同 : 同生, 同行, 合同 失 : 失手, 失明, 失言	求 : 求心力, 要求, 求人 反 : 反面, 反省, 反共	창작동화	닭이 사람과 함께 살게 된 이유 1	한자 카드 쓰기보따리 형성평가
						고사성어	五十步百步	
						시	접동새 – 김소월	
	6	81a~96a	告共首民	告 : 忠告, 原告, 告白 首 : 自首, 首弟子, 首相	共 : 共同, 公共, 共生 民 : 市民, 國民, 民心	창작동화	닭이 사람과 함께 살게 된 이유 2	
						고사성어	登龍門	
						시	눈 내린 아침 – 이인로	
	7	97a~112a	元先年回	元 : 元日, 元金, 元來 年 : 少年, 靑年, 一年	先 : 先生, 先山, 先王 回 : 一回用品, 河回, 回轉	창작동화	쇠를 먹는 쥐 1	
						고사성어	馬耳東風	
						시	눈 오는 저녁 – 김소월	
	8	113a~128a	복습	복습		창작동화	쇠를 먹는 쥐 2	
						고사성어	白眉	
						시	맨돌이 – 윤동주	
3집	9	129a~144a	不非未必	不 : 不足, 不公平, 不平 未 : 未安, 未來, 未完成	非 : 非行, 是非, 非常口 必 : 必要, 生必品, 不必要	창작동화	세 친구 1	한자 카드 쓰기보따리 형성평가
						고사성어	多多益善	
						시	삶이 그대를 속일지라도 – 푸슈킨	
	10	145a~160a	知加字幸	知 : 知人, 知己, 告知 字 : 文字, 數字, 十字	加 : 加入, 加味, 加工 幸 : 多幸, 不幸, 幸福	창작동화	세 친구 2	
						고사성어	聞一知十	
						시	집 – 김영랑	
	11	161a~176a	表形味香	表 : 表面, 表情, 表明 味 : 意味, 風味, 口味	形 : 人形, 三角形, 地形 香 : 香水, 香氣, 香	창작동화	꿀강아지 1	
						고사성어	知音	
						시	올벼 고개 숙이고 – 이현보	
	12	177a~192a	복습	복습		창작동화	꿀강아지 2	
						고사성어	竹馬故友	
						시	행복 – 한용운	
4집	13	193a~208a	星軍相和	星 : 行星, 天王星, 北斗七星 相 : 首相, 人相, 色相	軍 : 軍人, 國軍, 軍士 和 : 平和, 和音, 共和國	창작동화	흰 코끼리의 전설	한자 카드 쓰기보따리 형성평가
						고사성어	千里眼	
						시	나그네의 밤 노래 – 괴테	
	14	209a~224a	單別命祖	單 : 單元, 名單, 食單 命 : 生命, 人命, 命令	別 : 別名, 別世, 分別 祖 : 先祖, 祖上, 祖父母	창작동화	뱀이 기어 다니게 된 이유 1	
						고사성어	朝三暮四	
						시	말 없는 청산이오 – 성혼	
	15	225a~240a	居章異再	居 : 住居, 居室, 同居 異 : 異常, 異意, 大同小異	章 : 文章, 圖章, 樂章 再 : 再生, 再活用, 再三	창작동화	뱀이 기어 다니게 된 이유 2	
						고사성어	一擧兩得	
						시	〈사랑〉을 사랑하여요 – 한용운	
	16	241a~256a	복습	복습		창작동화	뱀이 기어 다니게 된 이유 3	
						고사성어	溫故知新	
						시	삶의 아침인사 – 애너 리티셔 바볼드	

F단계 교재별 구성내용은 이렇습니다

◆ 기탄교과서한자 F단계 호별 학습 내용 및 부교재

집	호		학습 한자	학습 한자어		심화 영역		부교재
1집	1	1a~16a	仁仙信休	仁 : 仁川, 仁祖, 仁君 信 : 信用, 自信, 信念	仙 : 仙女, 水仙花, 仙人 休 : 公休日, 休火山, 休息	창작동화 고사성어 전래동화	달밤에 얻은 행운 1 天高馬肥 빨간부채 파란부채	한자 카드 쓰기보따리 형성평가
	2	17a~32a	安宅官容	安 : 未安, 安心, 安全 官 : 法官, 官家, 外交官	宅 : 住宅, 自宅, 宅地 容 : 容恕, 內容, 美容	창작동화 고사성어 전래동화	달밤에 얻은 행운 2 大器晚成 사만년을 산 사람	
	3	33a~48a	海洋漁洗	海 : 地中海, 東海, 海外 漁 : 漁夫, 漁村, 出漁	洋 : 東洋, 西洋, 海洋 洗 : 洗手, 洗車, 洗面	창작동화 고사성어 전래동화	백일홍이야기 1 孟母三遷 소금을 만드는 맷돌	
	4	49a~64a	복습	복습		창작동화 고사성어 전래동화	백일홍이야기 2 蛇足 우렁각시	
2집	5	65a~80a	他位俗保	他 : 他人, 他地, 自他 俗 : 民俗, 風俗, 世俗	位 : 方位, 品位, 單位 保 : 保全, 安保, 保有	창작동화 고사성어 전래동화	꾀 많은 장님 1 梁上君子 꼭두각시와 목도령	한자 카드 쓰기보따리 형성평가
	6	81a~96a	守室客定	守 : 守則, 保守, 守兵 客 : 主客, 客室, 客地	室 : 室內, 居室, 王室 定 : 一定, 決定, 安定	창작동화 고사성어 전래동화	꾀 많은 장님 2 良藥苦於口 잊으라 한 건 안 잊고	
	7	97a~112a	林村材校	林 : 山林, 國有林, 竹林 材 : 木材, 石材, 人材	村 : 山村, 漁村, 民俗村 校 : 下校, 校長, 校門	창작동화 고사성어 전래동화	바보 영웅 이야기 1 座右銘 반쪽이	
	8	113a~128a	복습	복습		창작동화 고사성어 전래동화	바보 영웅 이야기 2 矛盾 고양이와 푸른 구슬	
3집	9	129a~144a	決洞注流	決 : 決定, 決心, 可決 注 : 注文, 注意, 注目	洞 : 洞口, 洞長, 仁寺洞 流 : 上流, 交流, 流行	창작동화 고사성어 전래동화	괴물 잡은 이발사 同床異夢 임자가 따로 있는 요술 궤짝	한자 카드 쓰기보따리 형성평가
	10	145a~160a	便作使代	便 : 便利, 便安, 大便 使 : 使用, 天使, 使臣	作 : 作心三日, 作用, 作品 代 : 古代, 代表, 代身	창작동화 고사성어 전래동화	수수께끼 하나 結草報恩 배나무골 이도령	
	11	161a~176a	念志感想	念 : 信念, 記念, 一念 感 : 共感, 自信感, 所感	志 : 意志, 同志, 志士 想 : 回想, 思想, 感想	창작동화 고사성어 전래동화	행운을 찾아다니는 사나이 1 井中之蛙 하늘 나라 밭 구경	
	12	177a~192a	복습	복습		창작동화 고사성어 전래동화	행운을 찾아다니는 사나이 2 近墨者黑 솜뭉치 꼬리가 된 토끼	
4집	13	193a~208a	計記語詩	計 : 時計, 合計, 生計 語 : 用語, 國語, 言語	記 : 日記, 記入, 記念 詩 : 童詩, 詩人, 三行詩	창작동화 고사성어 전래동화	그림자 없는 탑 1 有備無患 은혜 갚은 까치	한자 카드 쓰기보따리 형성평가
	14	209a~224a	情性進造	情 : 人情, 友情, 心情 進 : 行進, 進出, 先進國	性 : 性品, 性情, 女性 造 : 造成, 造形, 人造	창작동화 고사성어 전래동화	그림자 없는 탑 2 走馬看山 두 개가 된 금덩이	
	15	225a~240a	始好雲雪	始 : 始作, 元始, 始祖 雲 : 星雲, 白雲, 靑雲	好 : 同好人, 好意, 好感 雪 : 白雪, 雪景, 雪山	창작동화 고사성어 전래동화	그림자 없는 탑 3 螢雪之功 구렁이 신랑	
	16	241a~256a	복습	복습		창작동화 고사성어 전래동화	그림자 없는 탑 4 苦盡甘來 바리공주	

구성내용

G단계 교재별 구성내용은 이렇습니다

◆ 기탄교과서한자 G단계 호별 학습 내용 및 부교재

집	호	학습 한자	학습 한자어	심화 영역		부교재
1집	1	1a~16a	果實夫婦美	果:成果, 果實, 靑果, 無花果 實:行實, 實力, 實生活, 口實 夫:工夫, 夫子, 夫人, 漁夫 婦:主婦, 夫婦, 婦人, 婦女子 美:美化員, 美國人, 美人, 美化	인물	마크 트웨인	한자 카드 쓰기보따리 형성평가
					창작동화	소가 골라준 새 신랑 1	
					고사성어	改過遷善	
					기사문	돈 더 버는 아내 집안일 더 한다	
	2	17a~32a	重要活動得	重:重要, 所重, 貴重, 重大 要:必要, 主要, 要求, 要所 活:活用, 生活, 活字, 活力 動:活動, 行動, 動力, 動作 得:所得, 利得, 得失	인물	어네스트 톰슨 시튼	
					창작동화	소가 골라준 새 신랑 2	
					고사성어	錦衣還鄕	
					기사문	컬러식품 골아줄아	
	3	33a~48a	夜景成功者	夜:夜食, 白夜, 夜光, 夜行 景:風景, 光景, 山景, 雪景 成:成長, 作成, 合成, 完成 功:成功, 功臣, 年功, 功力 者:記者, 富者, 步行者, 老弱者	인물	에디슨	
					창작동화	소가 골라준 새 신랑 3	
					고사성어	管鮑之交	
					기사문	日 간사이 5색 체험관광	
	4	49a~64a	복습	복습	인물	퀴리부인	
					창작동화	소가 골라준 새 신랑 4	
					고사성어	刻舟求劍	
					기사문	재교육기관 노크 해보자	
2집	5	65a~80a	時間空氣集	時:日時, 時代, 同時, 時計 間:人間, 山間, 時間, 中間 空:空中, 空間, 空册, 空想 氣:空氣, 香氣, 日氣, 大氣 集:文集, 集中, 詩集, 集合	인물	장영실	한자 카드 쓰기보따리 형성평가
					창작동화	거짓말 시합 1	
					고사성어	刮目相對	
					기사문	귀성길 차 안에서 게임 한판	
	6	81a~96a	現在協商事	現:表現, 現金, 現地, 出現 在:現在, 所在, 在京, 在來 協:協同, 協力, 協心, 協定 商:商人, 商品, 商去來, 協商 事:人事, 行事, 工事, 記事	인물	록펠러	
					창작동화	거짓말 시합 2	
					고사성어	吳越同舟	
					기사문	폴크스바겐 노·사 대협상	
	7	97a~112a	社會技能部	社:社長, 會社, 社交, 入社 會:大會, 社會, 面會, 立會 技:長技, 技法, 技術, 技能 能:技能, 能力, 可能, 才能 部:部分, 一部分, 外部, 一部	인물	콜럼버스	
					창작동화	말 잘 듣는 효자 1	
					고사성어	羊頭狗肉	
					기사문	국가중대사 국민합의가 필요	
	8	113a~128a	복습	복습	인물	앙리 뒤낭	
					창작동화	말 잘 듣는 효자 2	
					고사성어	完璧	
					기사문	시동 걸면 주행정보 쫙~	
3집	9	129a~144a	問答登場省	問:問安, 問題, 反問 答:問答, 答信, 正答, 回答 登:登山, 登校, 登用 場:市場, 工場, 入場, 場面 省:反省, 自省, 省墓	인물	리스트	한자 카드 쓰기보따리 형성평가
					창작동화	냄새 맡은 값 1	
					고사성어	指鹿爲馬	
					기사문	침체의 잠에 취한 라인강의 기적	
	10	145a~160a	春夏秋冬溫	春:春川, 春香, 立春, 靑春 夏:立夏, 春夏, 夏至 秋:秋夕, 秋風, 春秋 冬:冬至, 立冬, 春夏秋冬 溫:氣溫, 溫室, 溫水	인물	김홍도	
					창작동화	냄새 맡은 값 2	
					고사성어	塞翁之馬	
					기사문	스키장 잘 넘어져야 안 다친다	
	11	161a~176a	貴愛病死敬	貴:貴重, 高貴, 富貴, 貴人 愛:友愛, 愛國, 愛人, 愛犬 病:問病, 白血病, 病室, 病名 死:生死, 死亡者, 不死身, 病死 敬:恭敬, 敬老, 敬老席, 敬語	인물	안중근	
					창작동화	아버지의 유서 1	
					고사성어	難兄難弟	
					기사문	은행나무 천국 부석사 가는길	
	12	177a~192a	복습	복습	인물	황희	
					창작동화	아버지의 유서 2	
					고사성어	四面楚歌	
					기사문	서울과 워싱턴 마음을 열 때다	
4집	13	193a~208a	物件發電書	物:古物, 文物, 人物 件:物件, 事件, 用件 發:發生, 出發, 發明, 發見 電:電力, 電子, 電車, 電氣 書:文書, 古書, 書名	인물	벤자민 프랭클린	한자 카드 쓰기보따리 형성평가
					창작동화	선행과 쾌락 1	
					고사성어	三顧草廬	
					기사문	대한민국은 배달천국	
	14	209a~224a	高低苦樂朝	高:高音, 高溫, 高貴, 高見 低:低溫, 低下, 低利, 低學年 苦:苦生, 苦心, 苦行 樂:音樂, 安樂, 樂山 朝:王朝, 朝夕, 朝會	인물	루소	
					창작동화	선행과 쾌락 2	
					고사성어	脣亡齒寒	
					기사문	중소기업 그곳에도 길이 있다	
	15	225a~240a	眞理學習賞	眞:眞情, 眞空, 眞心 理:心理, 原理, 眞理, 一理 學:學年, 學生, 入學, 見學 習:學習, 風習, 自習 賞:賞品, 孝行賞, 大賞, 賞金	인물	전봉준	
					창작동화	아가씨와 우유 1	
					고사성어	守株待兎	
					기사문	들리지! 눈 쌓은 숲 생명의 소리	
	16	241a~256a	복습	복습	인물	뢴트겐	
					창작동화	아가씨와 우유 2	
					고사성어	臥薪嘗膽	
					기사문	물건값 계산 … 약도 그리기 …	

학부모 여러분, 〈기탄한자〉는 이렇게 지도해 주세요

1. 학습자의 능력보다 낮은 단계에서 시작하세요.

기탄한자 A~G단계는 기초 한자부터 초등학교 교과서에 쓰인 한자어를 학습하는 프로그램입니다. 한글을 아는 유아에서부터 한자 학습의 경험이 있는 초등학교 6학년 학생을 대상으로 개발되었습니다. 그러나 한자 학습의 경험이 있는 아이라도, 학습자의 경험이나 능력보다 낮은 단계에서 시작하는 것이 바람직합니다. 특히 각 단계의 1집부터 순차적으로 학습해 나가는 것은 매우 중요합니다. 간혹 학부모님의 판단에 따라 단계의 생략은 가능하지만 2, 3집부터 시작하는 것은 옳지 않은 진도 진행입니다. 아이가 학습에 부담을 느끼지 않고 한자 공부는 쉽고 재미있다는 느낌을 가질 수 있도록 A단계 1집에서부터 시작하는 것이 가장 이상적인 출발점입니다.

2. 복습호는 반드시 부모님이 함께 해 주세요.

각 집(권)마다 앞서 배운 한자의 복습호가 구성되어 있습니다. 복습호에서는 항상 형성평가를 실시하여 학습 수용도를 점검합니다. 이 때 부모님이 반드시 채점을 해 주시고, 결과에 따라 적절한 칭찬과 동기유발이 필요합니다. 또 복습주마다 구성된 놀잇감(A~D단계)으로 아이와 함께 놀아 주세요.

3. 교재 구입 즉시 분책하여 사용하세요.

〈기탄한자〉는 구입 즉시 분책하여 사용할 수 있도록 매주 학습할 분량이 별도의 책으로 특수제본(4in1시스템)되어 있습니다. 보통 책은 1번 제본하는 것으로 끝나지만 〈기탄한자〉는 무려 5번의 제본 과정을 거쳐 제작되었습니다. 각 호가 끝날 때마다 새 책으로 공부하게 되므로 아이에게 성취감과 기대감을 갖게 하고 학습 효과도 극대화시켜 줍니다.

4. 매일 일정한 시간에 규칙적으로 학습하게 하세요.

하루 5~10분을 학습하더라도 규칙적으로 학습하는 것이 중요합니다. 1호 분량이 1주일(5일) 학습 분량이므로 한 번에 억지로 하지 않게 하고, 반대로 너무 많은 양을 한꺼번에 하는 것도 좋지 않습니다. 어렸을 때부터 조금씩 매일매일 공부하는 습관을 길러 주도록 합니다.

5. 부모님이 직접 지도해 주세요.

〈기탄한자〉는 교사 방문 학습지와는 달리 아이 스스로 공부하고 부모님이 체크하는 자율적인 학습 모델을 채택하고 있습니다. 따라서 타 학습지 회사에서는 지도교사에게만 제공하는 지도 지침을 해당 호에 상세히 실었습니다. 각 호의 첫 장에 실린 '이렇게 도와주세요', '이번 주 학습포인트'에서는 한 주 동안의 지도 요점이 기재되어 있고, 각 페이지의 하단에도 지도 요점, 주의 사항 등을 기재하였습니다. 학부모님들이 〈기탄한자〉의 기획의도, 학습목표, 지도방법 등을 쉽게 이해하고 아이들에게 가르치기 편하도록 최대한 배려하였습니다.

6. 이미 익힌 한자는 아이가 실생활 속에서 활용하게 하세요.

아이가 이미 익힌 한자는 실생활 속에서 최대한 많은 사용 기회를 갖게 해 줍니다. 알았던 한자도 오랫동안 사용하지 않으면 잊혀지게 됩니다. 학습된 한자를 신문, 책, 대중매체, 인쇄물 등을 활용하여 확인하게 하고 글을 쓸 때 알고 있는 한자로 표현해 볼 기회를 자주 갖도록 합니다.

단계별 학습 한자와 한자능력검정시험 급수 배정 안내

단계	학습 한자	급수 응시 가이드
A단계	• 8급 : 山, 日, 月, 火, 水, 木, 金, 土, 一, 二, 三, 四, 五, 六, 七, 八, 九, 十, 人, 大, 小, 中 • 7급 : 川, 百, 千, 口, 手, 足, 力, 上, 下 • 6급 · 6급II : 目, 石 • 5급 : 耳 • 4급II : 田, 玉	A단계에서는 상형자, 지사자 중심의 기초한자 36자를 익혔습니다. 이는 한자능력검정시험 배정한자 중 **8급, 7급 배정한자 31자**와 **상위급수 한자 5자**가 포함됩니다. 학습자의 학년, 나이, 학습수용도에 따라 **8급, 7급 이내**에서 응시용 수험서(기탄급수한자 빨리따기)로 준비한 후 자격증 취득에 도전해 보세요.
B단계	• 8급 : 父, 母, 生, 門, 王, 白, 女 • 7급 : 子, 心, 車, 自, 工, 主, 里, 草, 花, 男, 夕, 面 • 6급 · 6급II : 身, 風 • 5급 : 牛, 土, 己, 魚, 雨, 馬 • 4급II : 羊, 鳥, 竹, 齒 • 4급 : 犬, 册, 舌 • 3급II : 刀 • 3급 : 貝	B단계에서는 상형자, 지사자 중심의 기초한자 36자를 익혔습니다. 이는 A단계 학습 한자부터 누적하면 한자능력검정시험 배정한자 중 **8급, 7급 배정한자 50자**와 **상위급수 한자 22자**가 포함됩니다. 학습자의 학년, 나이, 학습수용도에 따라 **8급, 7급 이내**에서 응시용 수험서(기탄급수한자 빨리따기)로 준비한 후 자격증 취득에 도전해 보세요.
C단계	• 8급 : 兄, 弟, 外 • 7급 : 文, 少, 出, 入, 內, 來, 立, 天, 地, 江, 食, 方, 左, 右 • 6급 · 6급II : 言, 才, 交, 多, 光, 明, 行, 角, 古, 今, 衣, 向, 本, 分, 合 • 5급 : 化, 友, 去, 河, 臣, 兵, 卒, 末 • 4급II : 血, 肉, 步, 毛, 蟲 • 4급 : 君 • 3급II : 坐, 皮	C단계에서는 형성자, 회의자를 중심으로 48자의 기초한자를 익혔습니다. 이는 A단계 학습 한자부터 누적하면 한자능력검정시험 배정한자 중 **7급 배정한자 67자, 6급 · 6급II 배정한자 86자**와 **상위급수 한자 34자**를 익혔습니다. 학습자의 학년, 나이, 학습수용도에 따라 **7급, 6급 · 6급II 이내**에서 응시용 수험서(기탄급수한자 빨리따기)로 준비한 후 자격증 취득에 도전해 보세요.
D단계	• 8급 : 靑, 長, 國, 東, 西, 南, 北 • 7급 : 色, 住, 所, 姓, 名, 有, 平, 老, 正, 直, 孝, 前, 後, 道, 全, 世, 家 • 6급 · 6급II : 音, 利, 用, 公, 意, 弱, 短, 界, 聞, 童 • 5급 : 赤, 無, 思, 止, 法, 完, 善, 惡, 見, 兒 • 4급II : 貧, 富, 忠, 走	D단계에서는 형성자, 회의자를 중심으로 48자의 기초한자를 익혔습니다. 이는 A단계 학습 한자부터 누적하면 한자능력검정시험 배정한자 중 **7급 배정한자 91자, 6급 · 6급II 배정한자 120자**와 **상위급수 한자 48자**를 익혔습니다. 학습자의 학년, 나이, 학습수용도에 따라 **7급, 6급 · 6급II 이내**에서 응시용 수험서(기탄급수한자 빨리따기)로 준비한 후 자격증 취득에 도전해 보세요.
E단계	• 8급 : 寸, 民, 先, 年, 軍 • 7급 : 市, 同, 不, 字, 命, 祖 • 6급 · 6급II : 京, 各, 由, 失, 反, 共, 幸, 表, 形, 和, 別, 章 • 5급 : 品, 具, 曲, 可, 原, 因, 告, 首, 元, 必, 知, 加, 相, 再 • 4급II : 求, 回, 非, 未, 味, 香, 星, 單 • 4급 : 巨, 居, 異	E단계에서는 형성자, 회의자를 중심으로 48자의 필수한자를 익혔습니다. 이는 A단계 학습 한자부터 누적하면 한자능력검정시험 배정한자 중 **7급 배정한자 102자, 6급 · 6급II 배정한자 143자**와 **상위급수 한자 73자**를 익혔습니다. 학습자의 학년, 나이, 학습수용도에 따라 **6급 · 6급II, 5급 이내**에서 응시용 수험서(기탄급수한자 빨리따기)로 준비한 후 자격증 취득에 도전해 보세요.
F단계	• 8급 : 室, 校 • 7급 : 休, 安, 海, 林, 村, 洞, 便, 記, 語 • 6급 · 6급II : 信, 洋, 定, 注, 作, 使, 代, 感, 計, 始, 雪 • 5급 : 仙, 宅, 漁, 洗, 他, 位, 客, 材, 決, 流, 念, 情, 性, 雲 • 4급II : 官, 容, 俗, 保, 守, 志, 想, 詩, 進, 造, 好 • 4급 : 仁	F단계에서는 형성자, 회의자를 중심으로 48자의 필수한자를 익혔습니다. 이는 A단계 학습 한자부터 누적하면 한자능력검정시험 배정한자 중 **7급 배정한자 113자, 6급 · 6급II 배정한자 165자**와 **상위급수 한자 99자**를 익혔습니다. 학습자의 학년, 나이, 학습수용도에 따라 **6급 · 6급II, 5급 이내**에서 응시용 수험서(기탄급수한자 빨리따기)로 준비한 후 자격증 취득에 도전해 보세요.
G단계	• 8급 : 學 • 7급 : 夫, 重, 活, 動, 時, 間, 空, 氣, 事, 問, 答, 登, 場, 春, 夏, 秋, 冬, 物, 電 • 6급 · 6급II : 果, 美, 夜, 成, 功, 者, 集, 現, 在, 社, 會, 部, 省, 溫, 愛, 病, 死, 發, 書, 高, 苦, 樂, 朝, 理, 習 • 5급 : 實, 要, 景, 商, 技, 能, 貴, 敬, 件, 賞 • 4급II : 婦, 得, 協, 低, 眞	G단계에서는 형성자, 회의자를 중심으로 60자의 필수한자를 익혔습니다. 이는 A단계 학습 한자부터 누적하면 한자능력검정시험 배정한자 중 **7급 배정한자 133자, 6급 · 6급II 배정한자 210자**와 **상위급수 한자 114자**를 익혔습니다. 학습자의 학년, 나이, 학습수용도에 따라 **6급 · 6급II, 5급 이내**에서 응시용 수험서(기탄급수한자 빨리따기)로 준비한 후 자격증 취득에 도전해 보세요.

※ 이 표는 기탄한자 학습 후 한자능력검정시험 자격증 취득의 연계를 위한 지침입니다. 학습자의 학습경험이나 상태에 따라 개별적인 지침이 달라질 수 있습니다.

1호

기탄교과서한자 E단계 1집 1a~16a

E1집
1a-64a

4 in 1 시스템

기탄교과서한자는 학습효과를 극대화하기 위해 매주 학습할 분량이 별도의 책으로 특수제본되어 있습니다.

본 교재는 1권의 책 속에 1주일 학습할 분량의 교재 4권이 들어 있는 4 in 1 시스템으로 제본되어 있습니다. 따라서 4권의 책으로 분리되는 것이 정상적인 제본이며, 호별로 빼내어 학습하시면 아주 효과적입니다.

E1집
1호
1a-16a

초등 교과서 한자어를 총체 분석한 어휘력 향상 한자 학습 프로그램

기탄 교과서 한자

공부한 날	월	일 ~	월	일
		교		반
이름		전화		

www.gitan.co.kr

기초부터 탄탄하게
기탄교육

E단계 학습 한자 일람

	E단계						
1집	寸,京,品,市	2집	同,求,失,反	3집	不,非,未,必	4집	星,軍,相,和
	巨,具,各,曲		告,共,首,民		知,加,字,幸		單,別,命,祖
	可,由,原,因		元,先,年,回		表,形,味,香		居,章,異,再
	복습		복습		복습		복습

학습 진단 관리표

	한자		한자어		이번 주는
	읽기	쓰기	읽기	쓰기	
금주평가	Ⓐ 아주 잘함	Ⓐ 아주 잘함	Ⓐ 아주 잘함	Ⓐ 아주 잘함	● 학습방법 ❶ 매일매일 ❷ 가끔 ❸ 한꺼번에 하였습니다.
	Ⓑ 잘함	Ⓑ 잘함	Ⓑ 잘함	Ⓑ 잘함	● 학습태도 ❶ 스스로 잘 ❷ 시켜서 억지로 하였습니다.
	Ⓒ 보통	Ⓒ 보통	Ⓒ 보통	Ⓒ 보통	● 학습흥미 ❶ 재미있게 ❷ 싫증내며 하였습니다.
	Ⓓ 노력해야 함	Ⓓ 노력해야 함	Ⓓ 노력해야 함	Ⓓ 노력해야 함	● 교재내용 ❶ 적합하다고 ❷ 어렵다고 ❸ 쉽다고 하였습니다.
	지도 교사가 부모님께				부모님이 지도 교사께

종합평가   Ⓐ 아주 잘함   Ⓑ 잘함   Ⓒ 보통   Ⓓ 노력해야 함

- 다시보기를 통하여 전 단계에서 배운 南, 北, 兒, 童의 훈, 음, 형, 한자어를 복습합니다.
- E단계부터 시작한 경우 南(남녘 남), 北(북녘/달아날 북/배), 兒(아이 아), 童(아이 동)의 3요소를 찾아 학습합니다.

- 알아보기를 통하여 寸, 京, 品, 市의 3요소와 필순, 부수를 학습합니다.
- E단계부터는 한자의 3요소의 용어 즉 뜻, 소리, 모양을 훈, 음, 형으로 학습합니다.

- 만화로 고사성어 水魚之交의 뜻과 쓰임을 알아보고 적절하게 사용할 수 있습니다.
- 한자와 한자의 결합 과정, 즉 造語(조어) 과정을 이해하여 조어의 원리를 깨닫도록 합니다.

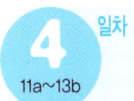
- 동화 '소중한 지폐 한 장'을 읽고 지금까지 배운 한자를 문장 속에 활용해 학습합니다.
- 品, 市와 다른 한자를 결합하여 食品, 用品, 市內, 市場 등의 한자어를 익힙니다.

- 윤동주의 시 '사랑스런 추억'을 감상하고 시 속에 쓰인 한자어의 3요소를 풀이합니다.
- 풀어보기, 형성평가를 통해 학습한자를 정리하고 '점풀이로 잡은 도둑'을 읽고 파자(破字 : 한자의 자획을 나누거나 합치거나 하여 한자의 뜻을 풀이함)를 접해 봅니다.

南 北 兒 童 다시 보기

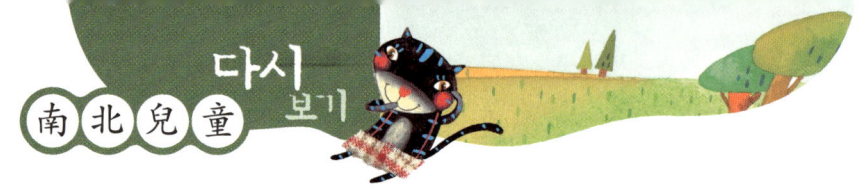

1. 다음 빈 칸에 알맞게 쓰세요.

南	남녘			아이	아
北	북녘 달아날		童	아이	

2. 다음 빈 칸에 알맞은 훈음을 쓰세요.

 → → 兒 | 아이 아

 → → 南 |

 → 立 + 里 → 童 |

 → → 北 |

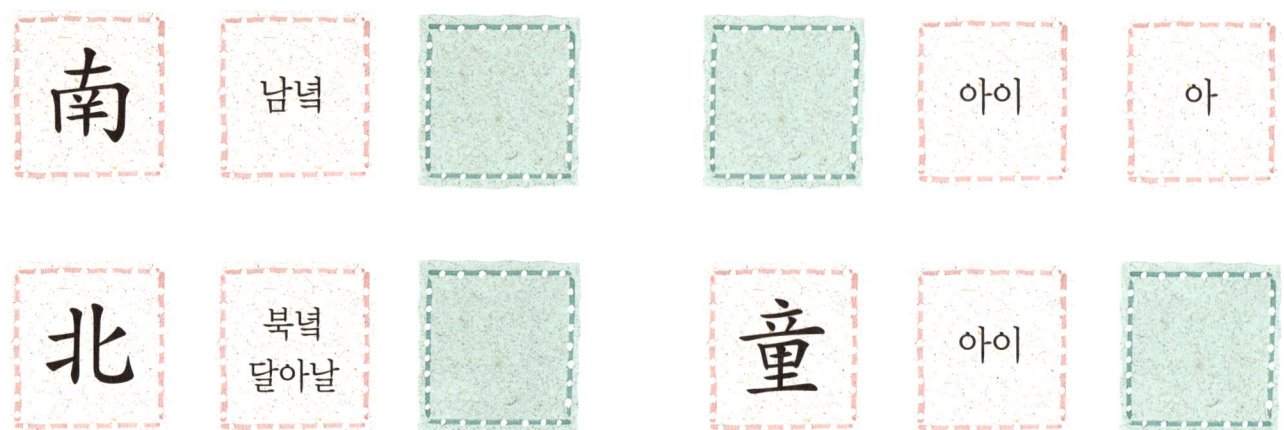

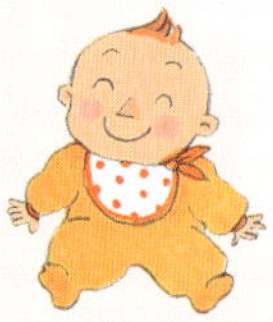

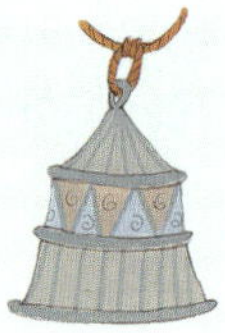

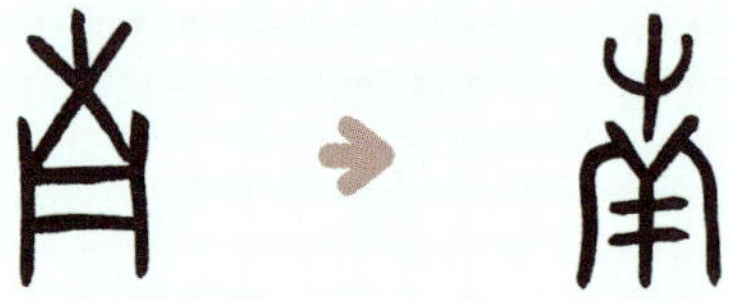

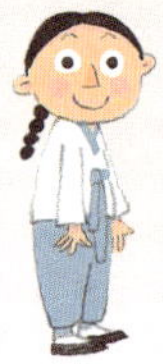

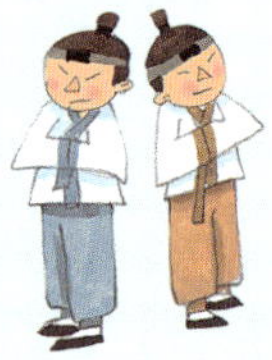

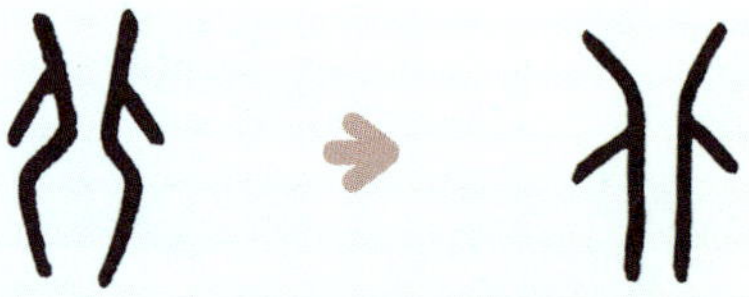

3. 다음 보기 에서 알맞은 한자어를 찾아 쓰세요.

보기: 男兒   北上   南大門   兒童

男兒 : 남자 아이를 이르는 말

☐ : 서울에 있는 숭례문의 다른 이름

☐ : 어린 아이

☐ : 북쪽으로 올라 감

4. 다음 보기 에서 알맞은 음을 찾아 쓰세요.

보기: 북상   남행   아동   여아

• 갑자기 女兒 ☐☐ 한 명이 달려 나왔습니다.

• 태풍이 北上 ☐☐ 하고 있습니다.

• 그 작가는 兒童 ☐☐ 문학의 대가이다.

• 드디어 南行 ☐☐ 열차를 탔습니다.

寸이 쓰인 문장을 읽고 빈 칸에 한자어의 음을 쓰세요.

기영이의 **四寸**(사촌) 동생이 울음을 터뜨린 까닭은 무엇입니까?

광민이네 외가는 바닷가에 있다. 외가에는 외할아버지, 외할머니, **外三寸**(외삼촌) 부부, 그리고 면사무소에 다니는 외사촌 형이 살고 있다.

四 : 넷 사(A2-6)   • 四는 A단계 2집 6호에서 학습한 한자입니다.   外 : 밖 외(C2-5)   • 外는 C단계 2집 5호에서 학습한 한자입니다.
三 : 셋 삼(A2-5)   • 三은 A단계 2집 5호에서 학습한 한자입니다.

京 찾아보기

京이 쓰인 문장을 읽고 빈 칸에 한자어의 음을 쓰세요.

서연이네 분단에서는 발해의 수도였던 **上京(상경)**의 주요 문화재를 조사하여, 그 사진을 스크랩북에 붙였다.

上 京

강원도 아리랑, **京畿道(경기도)** 아리랑, 진도 아리랑 등은 모두 가락과 노래말이 다릅니다.

京 畿 道

확인하기 上: 위 상(A4-15)   畿: 경기 기   道: 길 도(D3-10)   • 上京(상경)은 上이 동사로 쓰이게 되면 '시골에서 서울로 올라오다' 라는 뜻도 됩니다.

品이 쓰인 문장을 읽고 빈 칸에 한자어의 음을 쓰세요.

설탕이 처음 등장했을 때에는 매우 귀한 **食品(식품)**이어서 귀족이나 부자들만 먹을 수 있었답니다.

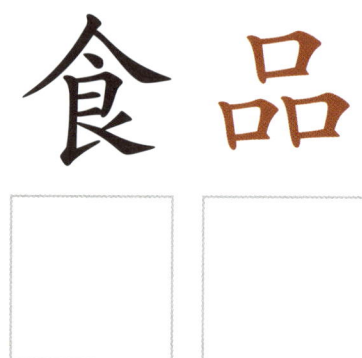

분실물 수거함 안의 여러 **용품(用品)**들은 주인이 얼른 찾아와 주기를 바라며 긴 밤을 보냈습니다.

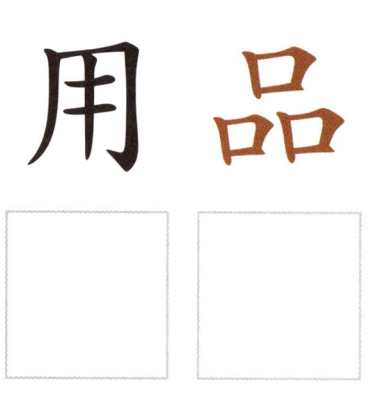

확인하기 食 : 먹을 식(C3-11)   用 : 쓸 용(D1-3)

市가 쓰인 문장을 읽고 빈 칸에 한자어의 음을 쓰세요.

실제로 **市內(시내)** 중심가나 주택가에서 꽃을 보기는 매우 어렵다. 하지만, 외국에서는 마을 사람들이 힘을 모아 꽃으로 거리를 가꾸고, 집집마다 창가에 화분을 내걸어 온 마을이 꽃 향기로 뒤덮이는 경우가 많다.

市場(시장)에서는 어떤 물건들을 팔고 있을까요? **市場**의 여러 가게에는 갖가지 물건이 진열되어 있습니다.

확인하기 內 : 안 내(C2-5)   場 : 마당 장(G3-9)   • 芇는 內의 속자(세간에서 흔히 쓰는 자)입니다.

기탄한자 E1-3b

📖 寸의 훈과 음을 읽어 보세요.

훈:마디 음:촌

🔍 寸이 만들어진 유래를 알아보세요.

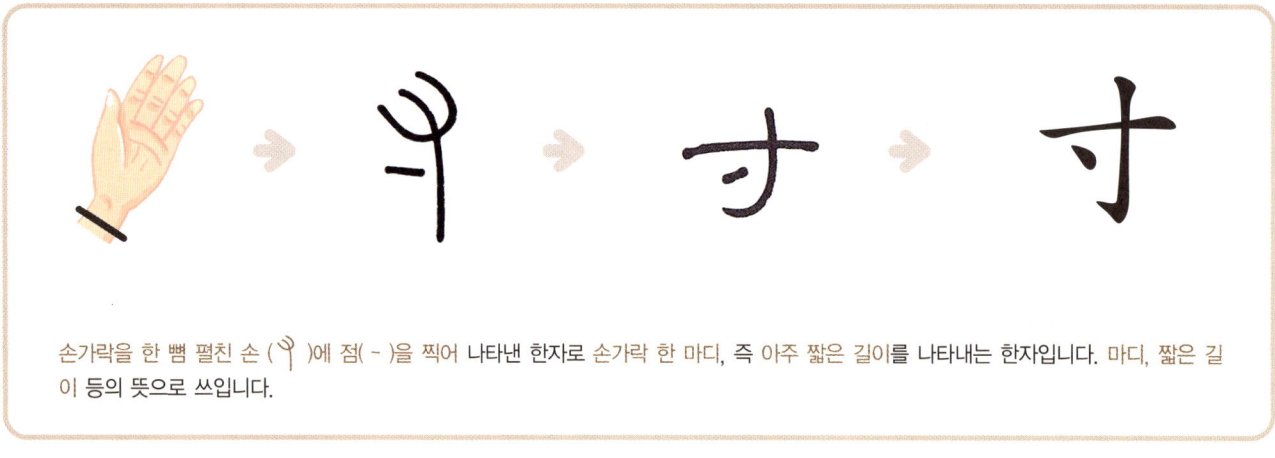

손가락을 한 뼘 펼친 손( )에 점(-)을 찍어 나타낸 한자로 손가락 한 마디, 즉 아주 짧은 길이를 나타내는 한자입니다. 마디, 짧은 길이 등의 뜻으로 쓰입니다.

✏️ 빈 칸에 알맞게 쓰세요.

寸은 손가락을 한 뼘 펼친 손( )에 점(-)을 찍어 나타낸 한자로

훈은 [   ] 이고, 음은 [   ] 입니다.

확인하기 • 寸의 자원은 손목에서 맥을 짚는 곳까지의 길이를 뜻한다는 설도 있습니다.

🔍 寸의 부수와 총획수를 알아보고 빈 칸에 알맞게 쓰세요.

寸
마디 촌

부수 - 寸   총획 - 3획

▶寸은 자기 자신이 부수로 쓰이는 한자입니다. 이런 한자를 '제부수자' 라 합니다.

· 寸의 **훈**은 ☐ 이고, **음**은 ☐ 입니다.
· 寸의 **부수**는 ☐ 이고, **총획**은 ☐ 입니다.

✏️ 寸의 필순을 알아보고 알맞게 쓰세요.

一 寸 寸

확인하기 · 寸을 쓸 때에는 점을 마지막에 찍습니다.

📖 京의 훈과 음을 읽어 보세요.

훈 : 서울   음 : 경

📖 京이 만들어진 유래를 알아보세요.

언덕 위에 집이 서 있는 모양을 본떠 만든 한자로, 옛날에는 높은 곳에 신전을 모시고 그 둘레에 사람이 모여 산 데서 서울을 뜻하게 되었습니다.

📖 빈 칸에 알맞게 쓰세요.

京은 언덕 위에 집이 서 있는 모양을 본떠 만든 한자로

훈은 ☐ 이고, 음은 ☐ 입니다.

확인하기 • 京은 서울을 뜻하는 한자로 도시 이름에 많이 쓰입니다. 예) 北京(북경) : 중국의 수도, 東京(동경) : 일본의 수도

🔵 京의 부수와 총획수를 알아보고 빈 칸에 알맞게 쓰세요.

京
서울 경

부수 - 亠   총획 - 8획

▶ 亠는 '돼지해밑 두' 입니다. 간략하게 '머리 두' 라 부르기도 합니다.

· 京의 **훈**은 [　　] 이고, **음**은 [　　] 입니다.

· 京의 **부수**는 [　　] 이고, **총획**은 [　　] 입니다.

🔵 京의 필순을 알아보고 알맞게 쓰세요.

丶 亠 ᅩ 宀 宁 古 亨 京 京

京   京   京   京

확인하기 · 京의 부수인 亠의 명칭은 굳이 암기하지 않아도 무방합니다.

📖 品의 훈과 음을 읽어 보세요.

훈: 물건 음: 품

💭 品이 만들어진 유래를 알아보세요.

여러 사람의 입(口)이 모여서 의견을 주고받는 모습을 본떠 만든 한자입니다. 많은 사람이 모여 물건의 좋고 나쁨을 판정하며 의논하는 것에서 물건을 뜻하게 되었습니다.

✏️ 빈 칸에 알맞게 쓰세요.

品은 여러 사람의 입(口)이 모여서 의견을 주고받는 모습을 본떠 만든 한자로

훈은 ☐ 이고, 음은 ☐ 입니다.

확인하기 口 : 입 구(A3-10)   • 品의 자원은 口(입 구)가 사람의 입 모양이 아니라 토기, 상자의 모양을 나타낸 것이라는 해석도 있습니다.

🔎 品의 부수와 총획수를 알아보고 빈 칸에 알맞게 쓰세요.

品
물건 품

부수 – 口   총획 – 9획

▶口는 '입 구' 입니다.

· 品의 **훈**은 [　　　] 이고, **음**은 [　　　] 입니다.
· 品의 **부수**는 [　　　] 이고, **총획**은 [　　　] 입니다.

✍ 品의 필순을 알아보고 알맞게 쓰세요.

ㅣ 口 口 口 吕 吕 品 品 品

品　品　品　品

확인하기 • 品은 위에 있는 口를 먼저 쓴 후 왼쪽, 오른쪽의 口를 순서대로 씁니다.

기탄한자 E1-6b

市의 훈과 음을 읽어 보세요.

훈 : 시장　음 : 시

市가 만들어진 유래를 알아보세요.

二 (돼지해밑 두) + 巾 (수건 건) ➡ 市

亠(돼지해밑 두)와 巾(수건 건)을 합해 만든 한자입니다. 옛날 물물 교환을 하던 시대에 그 장소를 표시하기 위해 깃발(巾)이나 깃대 등을 세웠습니다. 그 모양을 본떠서 만든 한자로 시장, 저자를 뜻합니다.

빈 칸에 알맞게 쓰세요.

市는 亠 (돼지해밑 두) 와 巾 (수건 건) 을 합해 만든 한자로 훈은 ☐ 이고, 음은 ☐ 입니다.

확인하기　亠 : 돼지해밑 두　巾 : 수건 건　• 저자는 시장을 예스럽게 부르는 말입니다.

🌙 市의 부수와 총획수를 알아보고 빈 칸에 알맞게 쓰세요.

市
시장 시

부수 - 巾   총획 - 5획

▶巾은 '수건 건' 입니다.

· 市의 **훈**은 [　　] 이고, **음**은 [　　] 입니다.

· 市의 **부수**는 [　　] 이고, **총획**은 [　　] 입니다.

🌙 市의 필순을 알아보고 알맞게 쓰세요.

一 亠 市 市 市

E1-7b

水 : 물 **수**　　魚 : 물고기 **어**　　之 : 어조사 **지**　　交 : 사귈 **교**

물과 물고기의 사귐이란 뜻으로 매우 친밀하게 사귀어 떨어질 수 없는 사이를 비유하여 이르는 성어입니다.

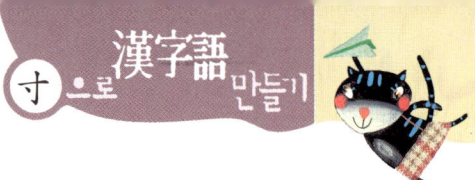

보기 와 같이 빈 칸에 알맞게 쓰세요.

1.
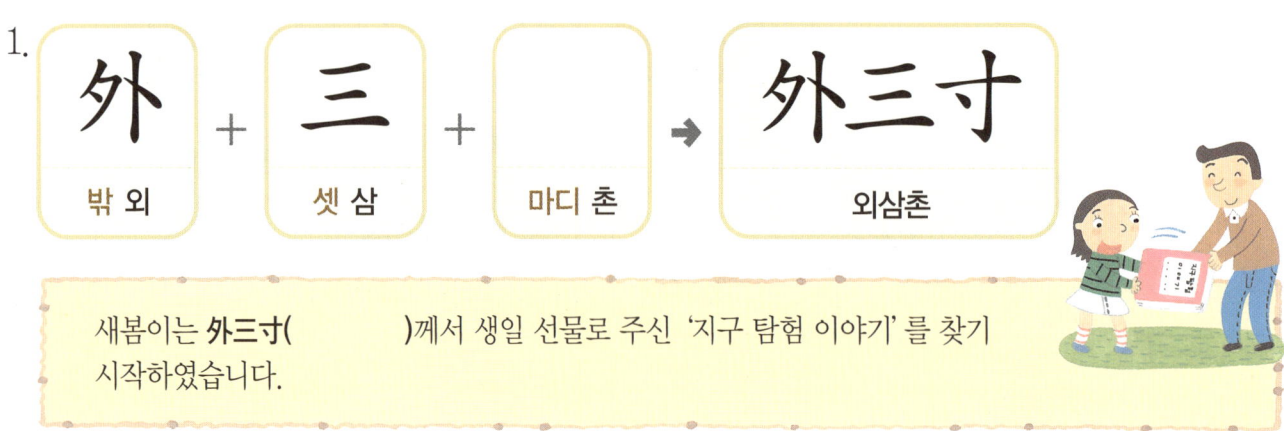

2.

寸을 필순에 맞게 쓰세요.

마디 촌

빈 칸에 寸을 써 넣어 한자어를 만들고, 그 뜻을 읽어 보세요.

　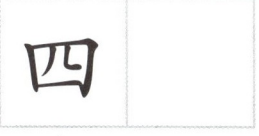　　

四寸(사촌) : 네 치(네 마디). 아버지 친형제의 아들딸

　　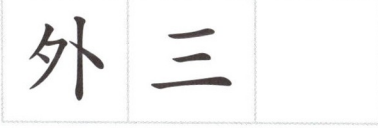

外三寸(외삼촌) : 어머니의 남형제

　四　間　四　間

四寸間(사촌간) : 고모의 자녀, 외삼촌의 자녀, 이모의 자녀들 사이의 관계

보기 와 같이 빈 칸에 알맞게 쓰세요.

보기

上 (위 상) + 京 (서울 경) → 上京 (상경)

엄마는 언니의 연락을 받고 급히 **上京(상경)** 하셨습니다.

1.

☐ (서울 경) + 畿 (경기 기) + 道 (길 도) → 京畿道 (경기도)

인조 임금은 이원익이 나라에 큰 공을 세웠으면서도 낡은 초가에 살고 있다는 사실을 알게 되었습니다. 그래서 **京畿道(　　　)** 감사에게 명하여, 시흥에 이원익의 집을 짓게 했습니다.

2.

☐ (서울 경) + 仁 (어질 인) + 線 (줄 선) → 京仁線 (경인선)

우리 나라에서 처음 개통된 철도는 서울 노량진과 인천 제물포를 잇는 **京仁線 (　　　)** 철도였다.

확인하기 上 : 위 상(A4-15)   畿 : 경기 기   道 : 길 도(D3-10)   仁 : 어질 인(F1-1)   線 : 줄 선
• 上京(상경)은 지명으로 쓰여 '발해의 서울'이란 뜻도 있습니다.

🖌 京을 필순에 맞게 쓰세요.

서울 경

📖 빈 칸에 京을 써 넣어 한자어를 만들고, 그 뜻을 읽어 보세요.

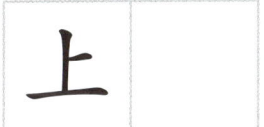  

上京(상경) : 시골에서 서울로 올라옴

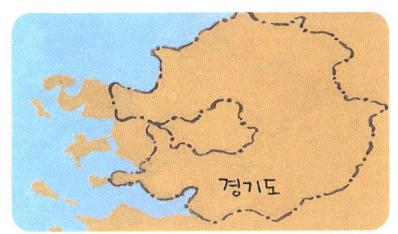

京畿道(경기도) : 한반도 중부 서쪽에 있는 도

京仁線 京仁線

京仁線(경인선) : 서울과 인천을 잇는 한국 최초의 철도

기탄한자 E1-10b

동화를 읽고 보기 에서 알맞은 한자나 음을 찾아 쓰세요.

소중한 지폐 한 장 1

어느 시골 마을에 그림 그리기를 좋아하는 **소녀** ☐☐ 가 살고 있었습니다.

해마다 겨울 방학 때면 **서울** ☐ 에서 소녀의 **삼촌** ☐☐ 가족이 놀러왔습니다.

소녀는 모처럼 사촌들과 산과 강가를 뛰어다니며 즐겁게 방학을 보냈습니다. 사촌들이 다시 서울로 돌아갈 시간이 되자 삼촌은 소녀에게 용돈을 주셨지요.

"자, 새로운 학기도 되고 했으니 이걸로 필요한 학용품을 사도록 하렴."

그것은 한 번도 가져보지 못한 빳빳한 새 지폐 한 장이었답니다.

보기 京 品 市 少女 三寸 행색

소녀는 너무 기뻐 잠이 안 올 지경이었습니다.

"이거면 새 붓과 예쁜 색깔의 물감을 살 수 있을 거야."

다음 날 아침, 소녀는 도시로 나가는 기차를 탔습니다. 여러 가지 **물건**□이 많은 큰 **시장**□에 가고 싶었기 때문이지요.

소녀가 탄 칸에는 초라한 行色□□의 할머니가 머리를 꾸벅이며 졸고 있었습니다. 조금 지나자 소녀 역시 슬슬 졸음이 밀려왔어요.

'내가 조는 사이 누가 내 돈을 가져가면 어떡하지?' 하지만 눈꺼풀은 마치 돌덩이를 매단 듯 점점 무거워졌어요.

"아아, 안 되는데……. 음냐음냐 쿨쿨."

– 계속 –

少 : 적을 소(C1-3)　　女 : 여자 녀(B4-14)　　三 : 셋 삼(A2-5)　　行 : 다닐/항렬 행/항(C2-7)　　色 : 색/빛 색(D1-1)

品 으로 漢字語 만들기

보기 와 같이 빈 칸에 알맞게 쓰세요.

1.

2.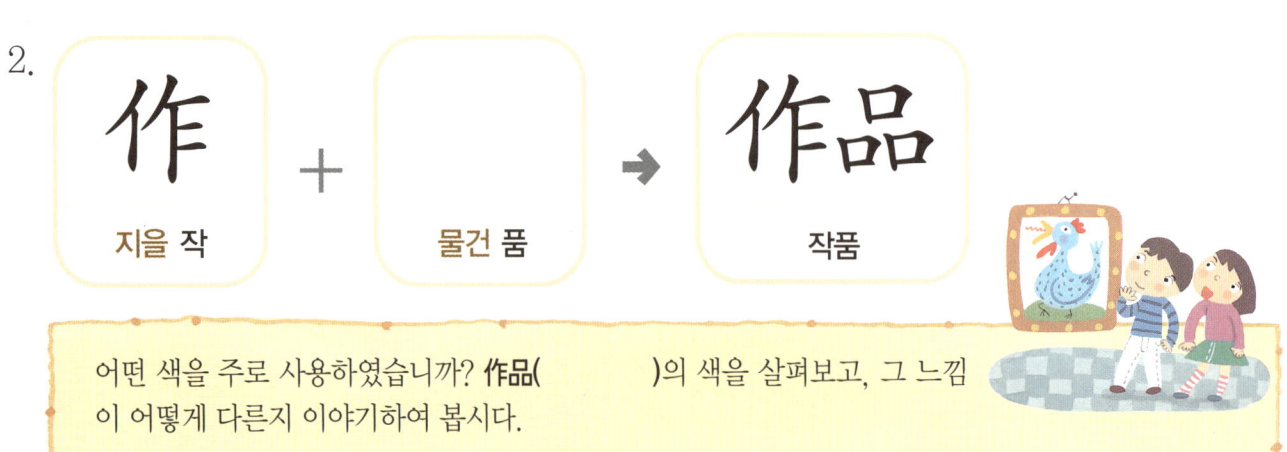

확인하기 食 : 먹을 식(C3-11)   用 : 쓸 용(D1-3)   作 : 지을 작(F3-10)

🈷 品을 필순에 맞게 쓰세요.

물건 품

📖 빈 칸에 品을 써 넣어 한자어를 만들고, 그 뜻을 읽어 보세요.

   食 ☐   食 ☐   食 ☐

食品(식품) : 음식의 재료가 되는 물품

   用 ☐   用 ☐   用 ☐

用品(용품) : 무엇에 쓰이거나 필요한 여러 가지 물품

   作 ☐   作 ☐   作 ☐

作品(작품) : 만든 물건. 그림, 조각, 소설, 시 등 예술 활동으로 만든 것

市로 漢字語 만들기

보기 와 같이 빈 칸에 알맞게 쓰세요.

인호네 차는 **市內(시내)**를 벗어나 고속 도로에 들어섰습니다.

1.
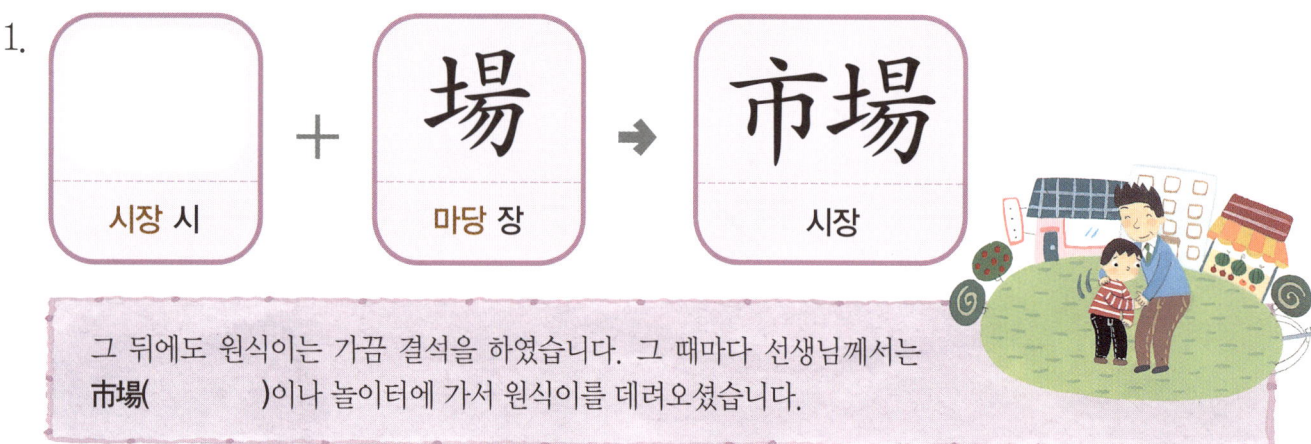

그 뒤에도 원식이는 가끔 결석을 하였습니다. 그 때마다 선생님께서는 **市場(　　　)**이나 놀이터에 가서 원식이를 데려오셨습니다.

2.
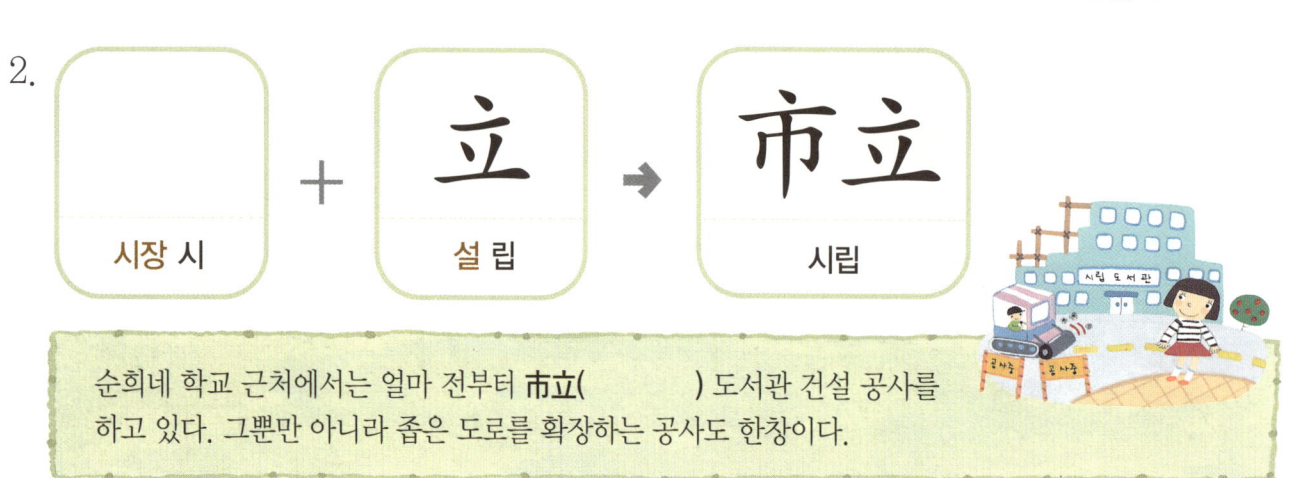

순희네 학교 근처에서는 얼마 전부터 **市立(　　　)** 도서관 건설 공사를 하고 있다. 그뿐만 아니라 좁은 도로를 확장하는 공사도 한창이다.

확인하기 內 : 안 내(C2-5)　　立 : 설 립(C2-6)　　場 : 마당 장(G3-9)　　• 内는 內의 속자(세간에서 흔히 쓰는 자)입니다.

市를 필순에 맞게 쓰세요.

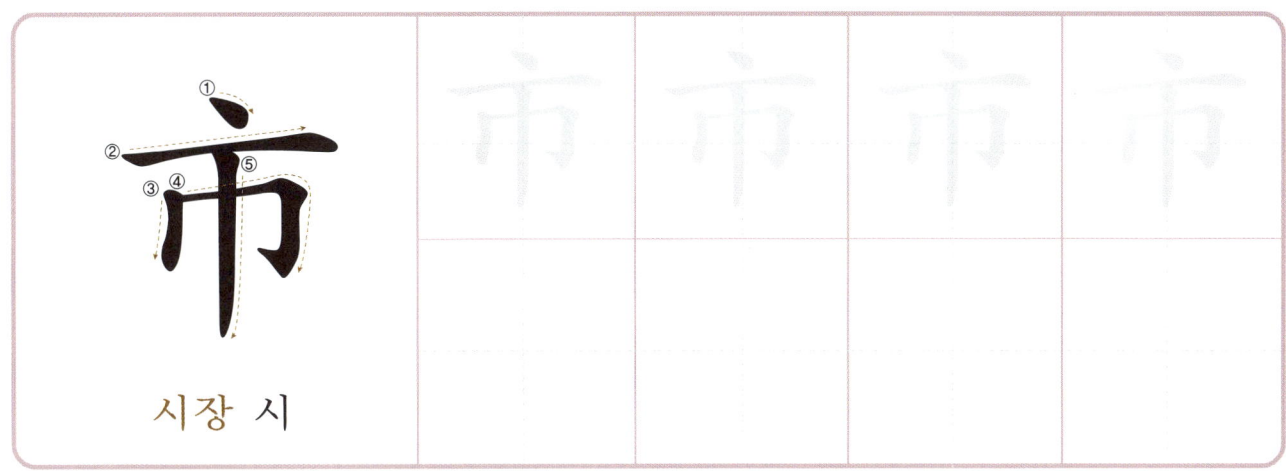

시장 시

빈 칸에 市를 써 넣어 한자어를 만들고, 그 뜻을 읽어 보세요.

市內(시내) : 시의 구획 안. 도시의 안

市場(시장) : 여러 가지 상품을 팔고 사는 장소

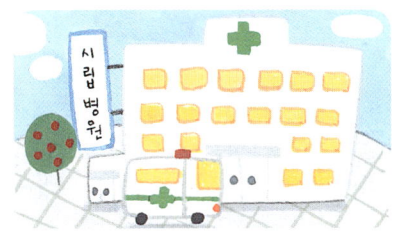  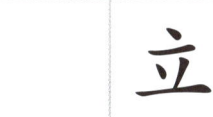 

市立(시립) : 시에서 설립하고 경영하는 일, 또는 그러한 시설

詩를 읽고 물음에 답하세요.

사랑스런 추억　　　　　윤동주

봄이 오던 아침, ㉠서울 어느 조그만 정거장에서
희망과 사랑처럼 기차를 기다려,

나는 플랫폼에 간신한 그림자를 떨어트리고,
담배를 피웠다.

내 그림자는 담배 연기 그림자를 날리고
비둘기 한 떼가 부끄러울 것도 없이
나래 속을 속, 속, 햇빛에 비춰 날았다.

기차는 아무 새로운 소식도 없이
나를 멀리 실어다주어,

봄은 다 가고- ㉡東京 교외 어느 조용한 하숙방에서,
옛 거리에 남은 나를 희망과 사랑처럼 그리워한다.

오늘도 기차는 몇 번이나 무의미하게 지나가고,

오늘도 나는 누구를 기다려 정거장 가차운 언덕에서 서성거릴게다.

- 아아 젊음은 오래 거기 남아 있거라.

1. ㉠의 뜻에 알맞은 한자를 고르세요.
　①寸　②品　③京　④市

2. ㉡의 음을 쓰세요.

윤동주　[尹東柱, 1917.12.30~1945.2.16]
중국의 북간도에서 태어나, 중학교 때까지 그곳에 머물렀습니다. 이미 중학생 때부터 《가톨릭소년》에 여러 편의 동시를 발표했습니다. 연희전문대학을 마치고 일본 유학길에 올라, 도시샤 대학 영문과를 진학했습니다. 그러던 중 1943년 여름방학을 맞아 귀국하다 사상범으로 일본 경찰에 체포되어, 2년형을 선고받고 1945년에 형무소에서 죽음을 맞이했습니다. 그가 죽은 후 1948년에 《하늘과 바람과 별과 시》가 출판되어 이름이 널리 알려지게 되었습니다. 그 외에 《서시》, 《또 다른 고향》, 《별 헤는 밤》 등의 작품을 남겼습니다.

이번 주에 배운 한자어를 넣어, 그림의 상황에 어울리게 짧은 글을 지어 보세요.

外三寸   市內

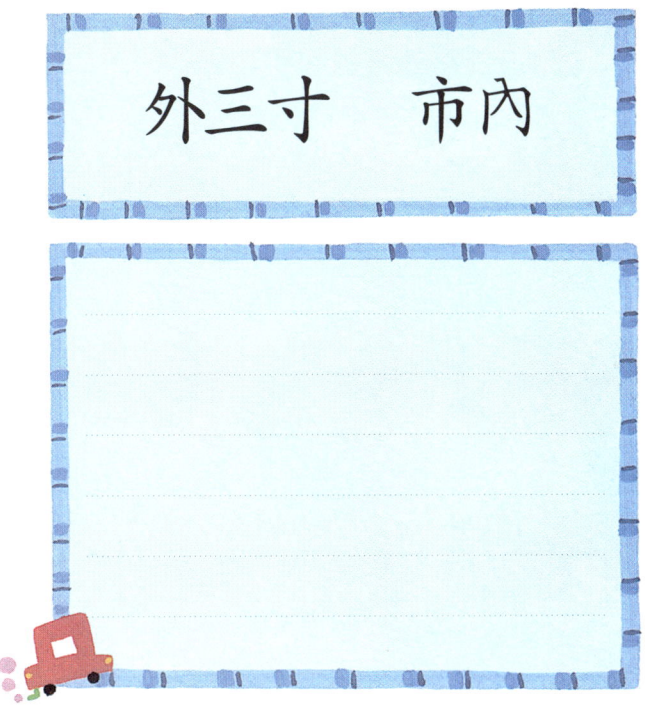

上京   少女

1. 서로 관련 있는 것끼리 선으로 이으세요.

市 • • 시장 • • 경

品 • • 물건 • • 시

寸 • • 서울 • • 촌

京 • • 마디 • • 품

2. 다음 빈 칸에 공통적으로 들어갈 한자를 보기 에서 찾아 쓰세요.

| 보기 | 市 | 品 | 寸 | 京 |

☐장 ☐립 ☐내 …… ☐

작☐ 식☐ 용☐ …… ☐

상☐ ☐기도 ☐인선 …… ☐

사☐간 외삼☐ 사☐ …… ☐

3. 다음 밑줄 친 낱말의 뜻에 알맞은 한자를 쓰세요.

   • 그 **물건**(   )은 운송할 때 매우 조심해야 한다.

   • **서울**(   )과 지방이 균형적으로 발전할 수 있는 정책이 필요하다.

   • 나는 엄마와 함께 **시장**(   )에 가는 것을 좋아한다.

   • 그 벌레는 처음 보는 것이었다. 그리고 한 **마디**(   ) 밖에 되지 않는 아주 작은 것이었다.

4. 서로 관련 있는 것끼리 선으로 이으세요.

   寸   市   京   品

   巾-총5획   口-총9획   亠-총8획   寸-총3획

5. 다음 빈 칸에 알맞은 한자어를 보기에서 찾아 쓰세요.

   보기   外三寸   用品   上京   市內

   • 난 [외][삼][촌] 이 공부하고 계시는 중국으로 여행할 것이다.

   • 지방 도시의 [시][내] 는 예나 지금이나 비슷해 보였다.

   • 서울역은 항상 [상][경] 하는 사람들, 귀향하는 사람들로 붐빈다.

   • 우리의 환경을 돌아보자. 이제는 일회 [용][품] 사용을 줄여야 할 때다.

점풀이로 잡은 도둑

옛날 어느 마을에 어떤 사람이 소를 잃어버려 아무리 찾으러 다녀도 못 찾게 되자 점쟁이에게 찾아갔습니다.
"내가 소를 잃어버려서 그러는데 내 소를 찾아 주십시오."
하니 점쟁이가 방문을 열고 밖을 한참 내다보더니,
"전중립(全中立)이란 사람을 찾으시오."라고 말했습니다.
나와서 온 마을과 이웃 마을까지 전중립이란 이름을 가진 사람을 물어보니,
"저기 산 밑이 그 집이오."라고 말하는 이가 있어,
그 집에 가니 정말로 잃어버린 소가 있었습니다.

소를 찾은 사람은 고마운 마음에 점쟁이에게 인사차 다시 들렀습니다.
"어떻게 해서 알아낼 수 있었습니까?" 하고 물으니,
크게 웃으면서 말하기를,
"내가 문을 열고 보니까 허수아비가 이러구 손을 벌리고 서 있는거야. 그래서 허수아비 이름을 부른 거지.
밭(田) 가운데(中) 서(立) 있으니까 바꿔 전중립(全中立)이라고 부른거지. 아무튼 잃어버린 소를 찾아서 다행이네."
우연의 일치이기는 하지만 소를 찾은 사람은 콧노래를 부르며 소를 몰고 돌아갔습니다.

확인하기 田 : 밭 전(A4-13)   中 : 가운데 중(A4-15)   立 : 설 립(C2-6)   全 : 온전 전(D3-10)

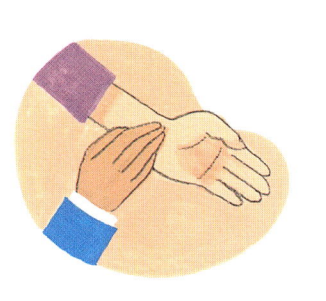 寸 마디 촌

 京 서울 경

 品 물건 품

 市 시장 시

寸 京 品 市

마디 촌 서울 경 물건 품 시장 시

京　寸

市　品

寸京品市

E단계 1호 해답

1a	1. 남, 兒, 북/배, 동
	2. 아이 아, 남녘 남, 아이 동, 북녘 북/ 달아날 배
1b	3. 男兒, 南大門, 兒童, 北上
	4. 여아, 북상, 아동, 남행
2a	사촌, 외삼촌
2b	상경, 경기도
3a	식품, 용품
3b	시내, 시장
4a	마디, 촌
4b	마디, 촌, 寸, 3획
5a	서울, 경
5b	서울, 경, 亠, 8획
6a	물건, 품
6b	물건, 품, 口, 9획
7a	시장, 시
7b	시장, 시, 巾, 5획
9a	1. 寸, 외삼촌 2. 寸, 사촌간
9b	寸, 寸, 寸
10a	1. 京, 경기도 2. 京, 경인선
10b	京, 京, 京
11a	少女, 京, 三寸
11b	品, 市, 행색
12a	1. 品, 용품 2. 品, 작품
12b	品, 品, 品
13a	1. 市, 시장 2. 市, 시립
13b	市, 市, 市
14a	1. ③ 2. 동경

15a 1.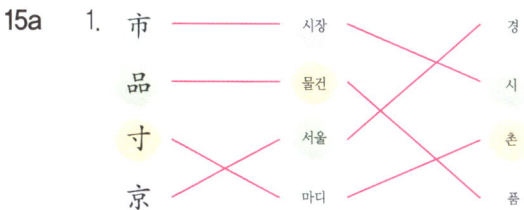

2. 市, 品, 京, 寸

15b 3. 品, 京, 市, 寸

4.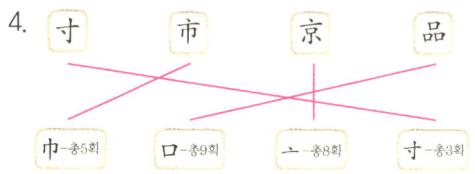

5. 外三寸, 市内, 上京, 用品

형성평가

1. ①
2. ③
3. 京, 서울 경
4. 市
5. 외삼촌
6. 식품
7. 시립
8. 경기도
9. 上京
10. 市内

11. 사촌 — 寸
12. 용품 — 用
13. 시립 — 市
14. 상경 — 上京
(四, 立, 品, 京 포함)

15. ①
16. ①
17. 市内
18. 四寸
19. 食品
20. 作品

펴낸이 : 정지향
펴낸곳 : (주)기탄교육
기획·편집·디자인 : 기탄교육연구소
주소 : 06698 서울특별시 서초구 효령로 40 기탄출판센터
등록 : 제2000-000098호
전화 : (02) 586-1007
팩스 : (02) 586-2337

※서점에 갈 시간이 없거나 구하기 어려운 분은 인터넷 또는 전화로 신청하세요. 즉시 우송해 드립니다.
● www.gitan.co.kr

ⓒ (주)기탄교육 All rights reserved.
저작권자의 동의 없이 본 교재를 무단으로 복제하거나 전재하는 것을 금합니다.

E 단계에서 배운 한자들

寸 마디 촌

市 시장 시

品 물건 품

京 서울 경

받아쓰기

♥ 엄마가 한자나 한자어를 부르고 아이가 받아쓰도록 합니다.

2호

기탄교과서한자 E단계 1집 17a~32a

E1집
1a-64a

E1집
2호
17a-32a

초등 교과서 한자어를 총체 분석한 어휘력 향상 한자 학습 프로그램

기탄 교과서 한자

공부한 날	월	일 ~	월	일
교	반
이름	전화

www.gitan.co.kr

기초부터 탄탄하게
기탄교육

E단계 학습 한자 일람

	E단계						
1집	寸,京,品,市	2집	同,求,失,反	3집	不,非,未,必	4집	星,軍,相,和
	巨,具,各,曲		告,共,首,民		知,加,字,幸		單,別,命,祖
	可,由,原,因		元,先,年,回		表,形,味,香		居,章,異,再
	복습		복습		복습		복습

학습 진단 관리표

	한자		한자어		이번 주는
	읽기	쓰기	읽기	쓰기	
금주평가	Ⓐ 아주 잘함	Ⓐ 아주 잘함	Ⓐ 아주 잘함	Ⓐ 아주 잘함	● 학습방법　❶ 매일매일　❷ 가끔　❸ 한꺼번에 하였습니다.
	Ⓑ 잘함	Ⓑ 잘함	Ⓑ 잘함	Ⓑ 잘함	● 학습태도　❶ 스스로 잘　❷ 시켜서 억지로 하였습니다.
	Ⓒ 보통	Ⓒ 보통	Ⓒ 보통	Ⓒ 보통	● 학습흥미　❶ 재미있게　❷ 싫증내며 하였습니다.
	Ⓓ 노력해야 함	Ⓓ 노력해야 함	Ⓓ 노력해야 함	Ⓓ 노력해야 함	● 교재내용　❶ 적합하다고　❷ 어렵다고　❸ 쉽다고 하였습니다.
	지도 교사가 부모님께				부모님이 지도 교사께

종합평가　　Ⓐ 아주 잘함　　　Ⓑ 잘함　　　Ⓒ 보통　　　Ⓓ 노력해야 함

이번 주 학습 포인트

 **1일차** (17a~19b)
- 다시보기를 통하여 한자 寸, 京, 品, 市의 훈, 음, 형, 한자어를 복습합니다.
- 이번 주에 학습할 한자 巨, 具, 各, 曲의 용례를 문장 속에서 찾아봅니다.
- 作, 線은 아직 배우지 않은 한자이므로 확인하기를 참조합니다.

 **2일차** (20a~23b)
- 알아보기를 통하여 巨, 具, 各, 曲의 3요소와 필순, 부수를 학습합니다.
- 자원 알아보기를 통하여 상형 또는 형성, 회의의 제자 원리를 이해하도록 합니다.
- 부수의 명칭은 여러 가지 통용되는 이름이 있으므로 굳이 암기하지 않아도 무방합니다.

 **3일차** (24a~26b)
- 만화로 고사성어 他山之石의 뜻과 쓰임을 알아보고 적절하게 사용할 수 있습니다.
- 巨, 具와 다른 한자를 결합하여 만든 巨大, 巨木, 道具, 用具 등의 한자어를 익힙니다.

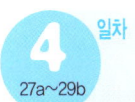 **4일차** (27a~29b)
- 동화 '소중한 지폐 한 장'을 읽고 학습한 한자를 문장 속에 활용해 학습합니다.
- 학습한 한자어를 제시된 예문 이외에 다른 문장 속에서 활용해 익힙니다.

 **5일차** (30a~32a)
- 빅토르 위고의 시 '봄'을 감상하고 시 속에 쓰인 한자어의 3요소를 풀이합니다.
- 풀어보기, 형성평가를 통해 학습한자를 정리하고 '재미있는 한자 파자 점'을 읽고 한자학습에 흥미를 갖습니다.

1. 다음 빈 칸에 알맞게 쓰세요.

2. 다음 빈 칸에 알맞은 훈음을 쓰세요.

巨가 쓰인 문장을 읽고 빈 칸에 한자어의 음을 쓰세요.

내가 **巨人(거인)**들이 사는 나라에 간다면 어떤 일이 벌어질지 상상하여 봅시다.

그곳을 벗어나자 상상할 수 없을 만큼 **巨大(거대)**한 밀림이 펼쳐졌다.

人 : 사람 인(A3-11)   大 : 큰 대(A4-14)

3. 다음 보기 에서 알맞은 한자어를 찾아 쓰세요.

보기: 外三寸　　食品　　上京　　市內

- 外三寸 : 어머니의 남형제
- 食品 : 음식의 재료가 되는 물품
- 市內 : 시의 구획 안. 도시의 안
- 上京 : 시골에서 서울로 올라옴

4. 다음 보기 에서 알맞은 음을 찾아 쓰세요.

보기: 용품　　시립　　사촌　　상경

- 자식들을 위해 上京 [상][경] 하실 때마다 등짐이 가득한 저 할머니……
- 어제 너무 예쁜 四寸 [사][촌] 동생이 태어났다.
- 미술에 소질이 있었지만 값비싼 미술 用品 [용][품] 때문에 미술을 포기했다.
- 누나는 어릴 때부터 꿈꾸던 市立 [시][립] 무용단의 발레리나가 되었다.

具 찾아보기

具가 쓰인 문장을 읽고 빈 칸에 한자어의 음을 쓰세요.

우리 조상들이 사용했던 **家具(가구)**와 현재 우리가 사용하고 있는 **家具**를 비교해 봅시다.

우리 가족은 집안일을 나누어 하기로 하였습니다. 각자 맡은 일을 하는 데 필요한 **道具(도구)**는 무엇입니까?

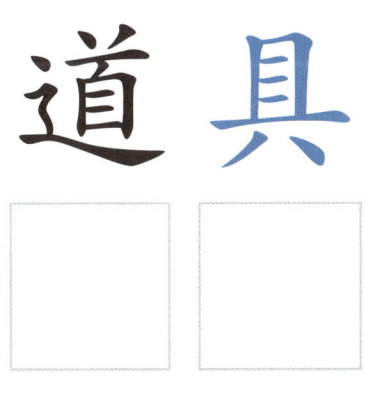

확인하기 家 : 집 가(D4-13)   道 : 길 도(D3-10)

各이 쓰인 문장을 읽고 빈 칸에 한자어의 음을 쓰세요.

설탕을 가열하면 어떻게 됩니까? 소금, 녹말, 탄산수소나트륨(식소다), 황산구리 등도 가열하여 봅시다. **各各(각각)** 어떤 변화가 일어나는지 이야기하여 봅시다.

손과 입과 위는 **各自(각자)** 맡은 일을 제대로 하지 않으면 다른 기관뿐만 아니라 자신에게도 피해가 온다는 것을 깨달았습니다.

확인하기 自 : 스스로 자(B2-6)

曲이 쓰인 문장을 읽고 빈 칸에 한자어의 음을 쓰세요.

안익태 선생님은 우리 나라를 세계에 알리는 국가(나라의 노래)를 만들기로 결심하고 애국가를 **作曲(작곡)**했습니다.

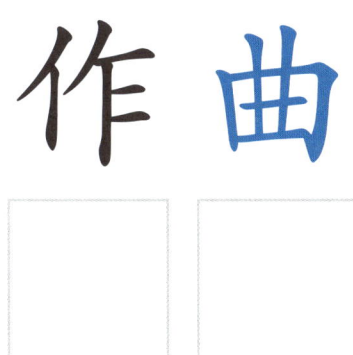

曲線(곡선)의 이미지를 떠올려 보세요.

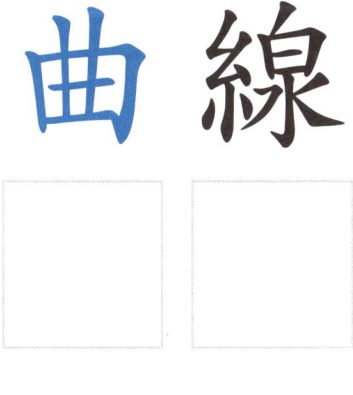

확인하기 作 : 지을 작(F3-10)   線 : 줄 선

巨의 훈과 음을 읽어 보세요.

훈:클 음:거

巨가 만들어진 유래를 알아보세요.

본래 자 모양(工)으로 생긴 커다란 자를 손에 잡고 있는 사람의 모양을 본떠 만든 한자에서 다른 부분은 생략되고, 큰 자를 잡고 있는 손 모양만 남았습니다. 크다, 거대하다를 뜻합니다.

빈 칸에 알맞게 쓰세요.

巨는 자 모양(工)으로 생긴 커다란 자를 손에 잡고 있는 사람의 모양을 본떠 만든

한자로 훈은 ☐ 이고, 음은 ☐ 입니다.

🌙 巨의 부수와 총획수를 알아보고 빈 칸에 알맞게 쓰세요.

巨
클 거

부수 – 工   총획 – 5획

▶ 工은 '장인 공' 입니다.

· 巨의 **훈**은 [　　] 이고, **음**은 [　　] 입니다.

· 巨의 **부수**는 [　　] 이고, **총획**은 [　　] 입니다.

✏️ 巨의 필순을 알아보고 알맞게 쓰세요.

一 厂 厅 巨 巨

🔍 • 巨와 臣(신하 신)은 모양이 비슷하므로 주의해서 익힙니다.

🔍 具의 훈과 음을 읽어 보세요.

훈 : 갖출   음 : 구

🔍 具가 만들어진 유래를 알아보세요.

貝 + 廾 ➔ 具

조개 패   받들 공

貝(조개 패)와 廾(받들 공)이 합해져서 만들어진 한자입니다. 廾은 두 손으로 물건을 들어 바치는 모양을 나타냅니다. 貝는 조개라는 뜻이 아니라 鼎(솥 정)이 간략하게 된 것으로, 솥을 들어서 제사를 올리다라는 데서 갖추다를 나타낸 한자입니다.

🔍 빈 칸에 알맞게 쓰세요.

具는 ☐ (조개 패)와 廾 (받들 공)을 합한 한자로
훈은 ☐ 이고, 음은 ☐ 입니다.

확인하기 貝 : 조개 패(B3-9)   廾 : 받들 공   鼎 : 솥 정   • 具와 貝(조개 패)는 모양이 비슷하므로 주의합니다.
• 고대의 솥의 용도는 조리용 기구보다는 신을 모실 때 쓰이는 의식용 도구로서 권위, 제사 등을 의미합니다.

🔹 具의 부수와 총획수를 알아보고 빈 칸에 알맞게 쓰세요.

具
갖출 구

부수 – 八	총획 – 8획

▶ 八은 '여덟 팔' 입니다.

· 具의 **훈**은 [　　] 이고, **음**은 [　　] 입니다.

· 具의 **부수**는 [　　] 이고, **총획**은 [　　] 입니다.

🔹 具의 필순을 알아보고 알맞게 쓰세요.

丨 冂 冂 冃 目 具 具 具

具　具　具　具

확인하기 • 具의 부수는 八(여덟 팔)로 亻(사람 인), 入(들 입)과 구별해서 써야 합니다.

기탄한자 E1-21b

📖 各의 훈과 음을 읽어 보세요.

훈: 각각 음: 각

✋ 各이 만들어진 유래를 알아보세요.

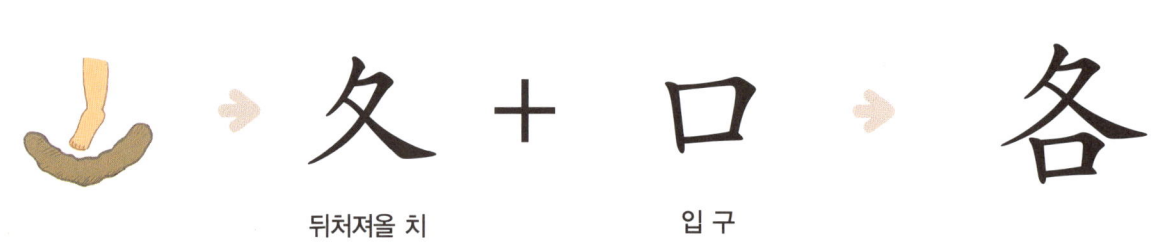

夂(뒤처져올 치)와 口(입 구)를 합해 만든 한자입니다. 夂는 발의 모양을, 口는 움집의 모양을 나타낸 것으로 각각, 각자의 움집에 이르다는 뜻을 나타냈습니다. 지금은 각각, 각자의 뜻으로 쓰입니다.

✍ 빈 칸에 알맞게 쓰세요.

各은 [夂 (뒤처져올 치)] 와 [　　(입 구)] 를 합한 한자로

훈은 [　　] 이고, 음은 [　　] 입니다.

확인하기 夂: 뒤처져올 치   口: 입 구(A3-10)   • 夂는 발의 모양을 나타낸 글자로 '이르다'의 뜻을 가지고 있습니다.

🔍 各의 부수와 총획수를 알아보고 빈 칸에 알맞게 쓰세요.

各
각각 각

부수 - 口   총획 - 6획

▶ 口는 '입 구' 입니다.

· 各의 훈은 [　　] 이고, 음은 [　　] 입니다.
· 各의 부수는 [　　] 이고, 총획은 [　　] 입니다.

🔍 各의 필순을 알아보고 알맞게 쓰세요.

丿 ク 夂 冬 各 各

확인하기 · 各을 쓸 때에는 위에서부터 아래로 씁니다.

📖 曲의 훈과 음을 읽어 보세요.

훈: 굽을/곡조 음: 곡

🔍 曲이 만들어진 유래를 알아보세요.

옛날 목수들이 사용하던 굽은 자의 모양을 본떠 만든 한자입니다. 본래 굽다의 뜻으로 쓰이다가 곡조, 바르지 않다 등의 뜻으로 의미가 확장되었습니다.

✏️ 빈 칸에 알맞게 쓰세요.

曲은 옛날 목수들이 사용하던 굽은 자의 모양을 본떠 만든 한자로

훈은 □ 이고, 음은 □ 입니다.

🌐 曲의 부수와 총획수를 알아보고 빈 칸에 알맞게 쓰세요.

曲
굽을/곡조 곡

부수 - 曰   총획 - 6획

▶ 曰은 '가로 왈' 입니다.

· 曲의 **훈**은 [   ] 이고, **음**은 [   ] 입니다.

· 曲의 **부수**는 [   ] 이고, **총획**은 [   ] 입니다.

🖊 曲의 필순을 알아보고 알맞게 쓰세요.

一 冂 曰 冉 曲 曲

확인하기 · 曲의 부수는 日(날/해 일)이 아니라 曰(가로 왈)이라는 점에 주의합니다.

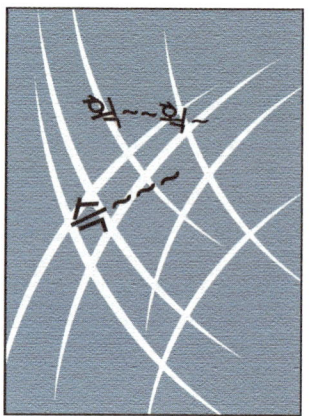

他 : 다를 **타**　　山 : 산/뫼 **산**　　之 : 어조사 **지**　　石 : 돌 **석**

남의 산의 돌이라도 자기의 옥을 가는데 도움이 된다는 뜻으로 다른 사람의 하찮은 언행도 자기의 지덕(智德)을 닦는데 도움이 됨을 이르는 말입니다.

보기 와 같이 빈 칸에 알맞게 쓰세요.

보기

巨 + 人 → 巨人
클 거   사람 인   거인

巨人(거인)들이 사는 나라에 간다면 어른들은 어떤 일을 겪을 것이라고 하였습니까?

1. ☐ + 大 → 巨大
   클 거   큰 대   거대

마을 청년들이 집집마다 풍물을 치고 돌아다니면서 짚단을 모아 150~200m 정도의 巨大(　　　)한 줄을 만듭니다.

2. ☐ + 木 → 巨木
   클 거   나무 목   거목

선생님께서 얼마 전에 타계하셨습니다. 선생님은 우리 나라 현대 문학계의 巨木(　　　)이셨습니다. 삼가 명복을 빕니다.

확인하기 人 : 사람 인(A3-11)   大 : 큰 대(A4-14)   木 : 나무 목(A1-3)

巨를 필순에 맞게 쓰세요.

巨 클 거

빈 칸에 巨를 써 넣어 한자어를 만들고, 그 뜻을 읽어 보세요.

巨人(거인) : 몸이 아주 큰 사람

巨大(거대) : 엄청나게 큼

巨木(거목) : 매우 큰 나무. 큰 인물을 비유하여 이르는 말

具로 漢字語 만들기

보기 와 같이 빈 칸에 알맞게 쓰세요.

보기

家 (집 가) + 具 (갖출 구) → 家具 (가구)

"괜찮아요. 나는 家具(가구)를 사러 온 것이 아니라 차를 기다리고 있어요."

1.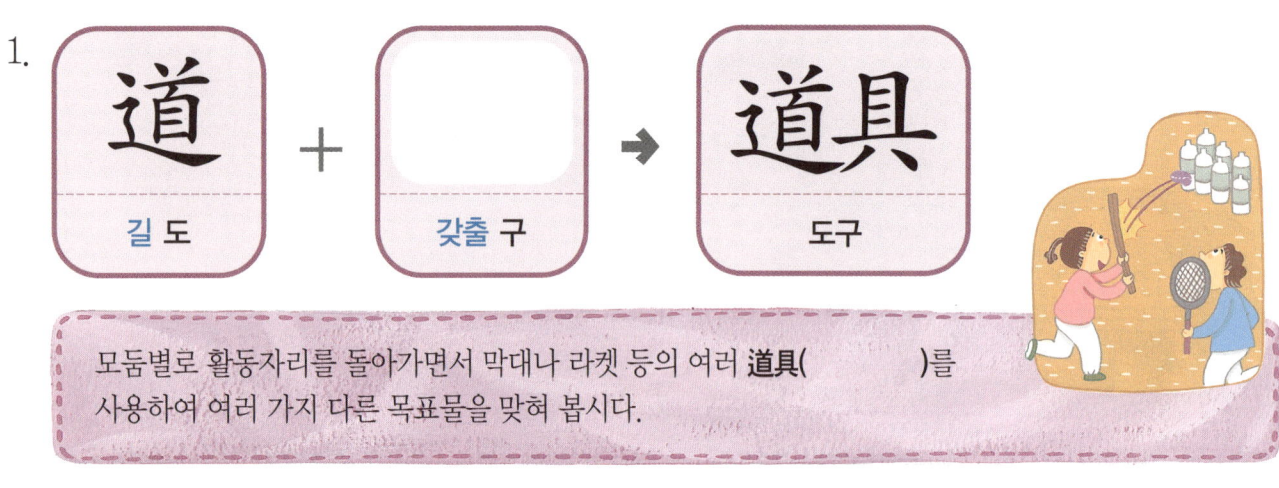

道 (길 도) + ☐ (갖출 구) → 道具 (도구)

모둠별로 활동자리를 돌아가면서 막대나 라켓 등의 여러 道具(　　)를 사용하여 여러 가지 다른 목표물을 맞혀 봅시다.

2.

用 (쓸 용) + ☐ (갖출 구) → 用具 (용구)

우리 조상들은 찰흙의 성질을 알고 여러 가지 用具(　　)로 질감을 표현하였습니다.

확인하기 家 : 집 가(D4-13)   道 : 길 도(D3-10)   用 : 쓸 용(D1-3)

具를 필순에 맞게 쓰세요.

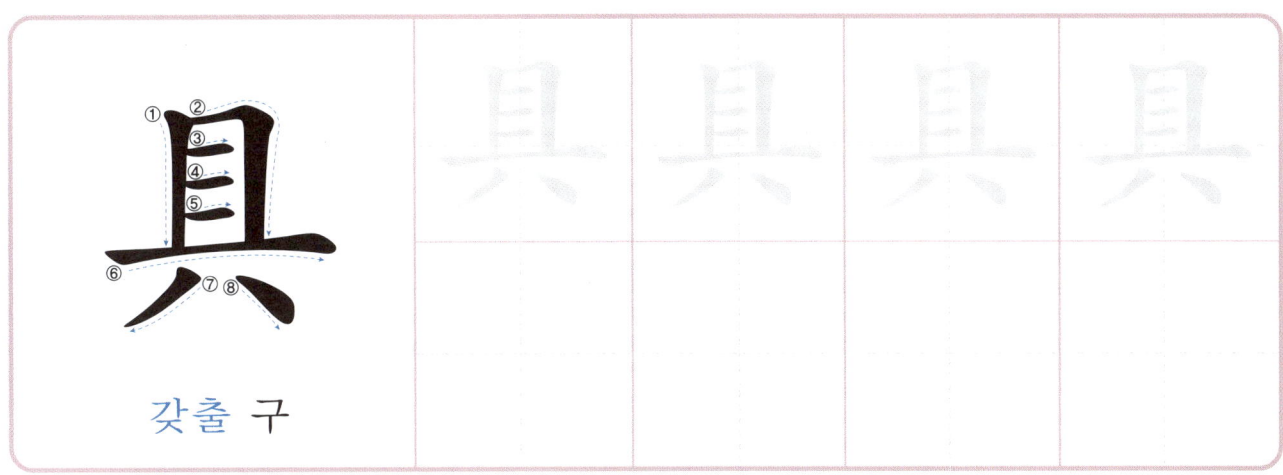

갖출 구

빈 칸에 具를 써 넣어 한자어를 만들고, 그 뜻을 읽어 보세요.

 家 家 家

家具(가구) : 가정의 살림살이에 쓰이는 온갖 세간

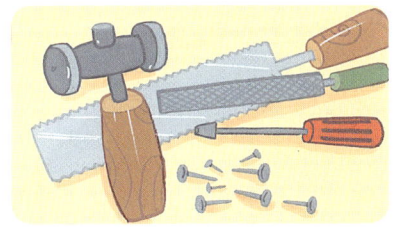 道 道 道

道具(도구) : 어떤 일을 할 때 쓰이는 연장, 연모

 用 用 用

用具(용구) : 무엇을 하거나 만드는 데 쓰이는 기구

동화를 읽고 보기 에서 알맞은 한자나 음을 찾아 쓰세요.

소중한 지폐 한 장 2

"끼이익!"

기차가 **거대** ☐☐ 한 소리를 내며 멈추자 소녀는 **눈** ☐ 을 번쩍 떴어요.

앞자리의 할머니는 여전히 졸고 있었지요.

'많이 피곤하신가 보네. 그런데 내 돈은 별일 없겠지?'

문득 가방을 열어 본 소녀는 깜짝 놀랐습니다. "아니? 내 돈이 없잖아!"

소녀는 앞자리에 잠자고 있는 할머니를 의심하기 시작했어요. 소녀는 할머니 옆에 놓여진

가방을 살짝 열어 보았어요. 그랬더니 거기에 빳빳한 지폐 한 장이 놓여 있는 게 아니겠어요?

보기   巨大   目   도구   各各   巨金

'아니, 이 할머니, 도둑이잖아?' 소녀는 화가 났지만 꾹 참았어요.

'이 할머니에겐 이 돈이 **거금** ⬜⬜ 이었겠지.'

소녀는 아무 말 없이 지폐만 꺼내고 다시 가방을 닫아두었지요.

기차가 도시의 역에 멈추자 두 사람은 기차에서 내려 **각각** ⬜⬜ 제 갈 길을 갔어요. 소녀는 미술 **道具** ⬜⬜ 들을 잔뜩 사 가지고 집으로 돌아왔지요. 그런데 자기 방으로 돌아온 소녀는 책상 서랍을 열어 보고 눈이 휘둥그레졌어요. 거기엔 빳빳한 지폐 한 장이 얌전히 놓여 있는 게 아니겠어요? 과연 누가 도둑이 된 걸까요?

확인하기 　大 : 큰 대(A4-14)　　目 : 눈 목(A3-10)　　道 : 길 도(D3-10)　　金 : 쇠/성 금/김(A1-3)

各으로 漢字語 만들기

보기 와 같이 빈 칸에 알맞게 쓰세요.

보기

各 (각각 각) + 各 (각각 각) → 各各 (각각)

이야기에 나오는 인물은 **各各(각각)** 그 인물만의 성격을 지니고 있습니다.

1. ☐ (각각 각) + 自 (스스로 자) → 各自 (각자)

'시장' 하면 떠오르는 말을 **各自(   )** 10가지씩 적어 봅시다. 우리 분단에서는 같은 말이 몇 번 나왔는지 알아봅시다.

2. ☐ (각각 각) + 國 (나라 국) → 各國 (각국)

各國(   )의 문화재가 세계 유산으로 등록되면, 그 문화재를 보존하고 보호하기 위한 기술적 도움을 받을 수 있게 된다.

확인하기 自 : 스스로 자(B2-6)   國 : 나라 국(D4-13)

各을 필순에 맞게 쓰세요.

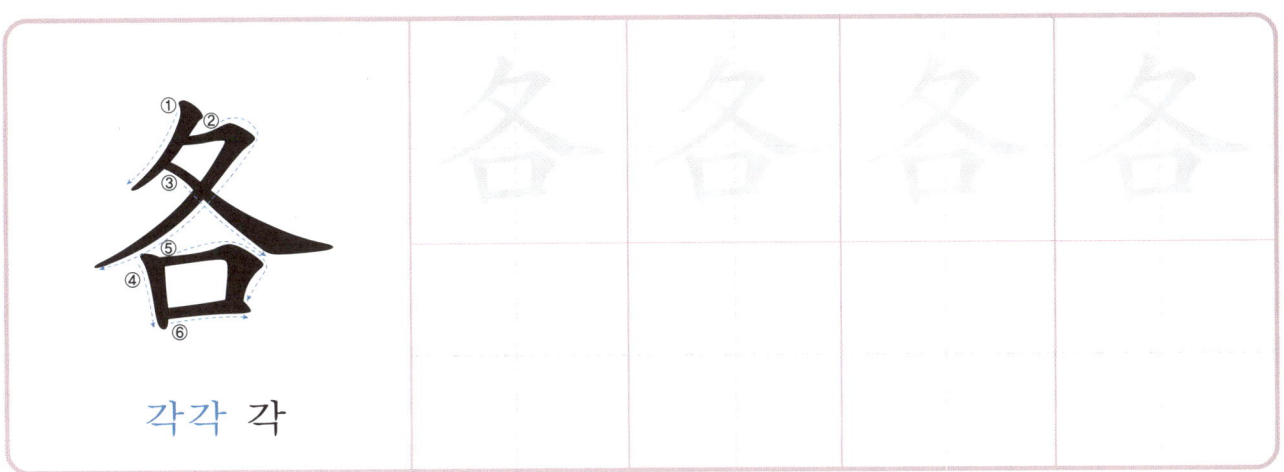

각각 각

빈 칸에 各을 써 넣어 한자어를 만들고, 그 뜻을 읽어 보세요.

各各(각각) : 사람이나 물건의 하나하나

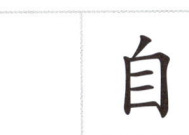 自　　 自　　 自

各自(각자) : 각각의 자기. 제각기

 國　　 國　　 國

各國(각국) : 각 나라

보기 와 같이 빈 칸에 알맞게 쓰세요.

우리 나라 애국가를 **作曲**(작곡)하신 분은 안익태 선생님입니다.

1.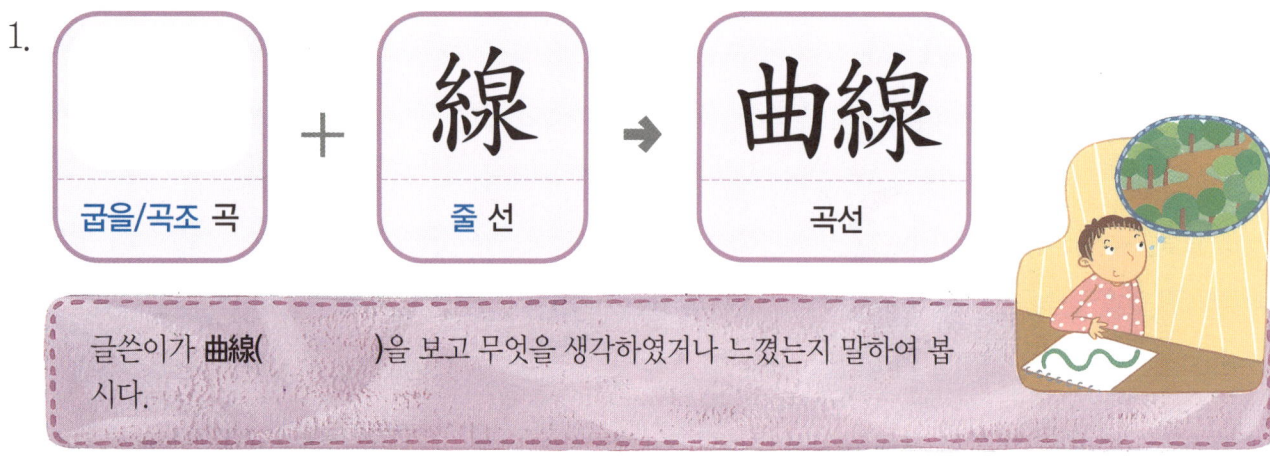

글쓴이가 **曲線**(　　　)을 보고 무엇을 생각하였거나 느꼈는지 말하여 봅시다.

2.

行進曲(　　　)에는 행진할 때 사용하는 행진용 **行進曲**과 연주용 **行進曲**이 있습니다.

확인하기 作 : 지을 작(F3-10)   線 : 줄 선   行 : 다닐/항렬 행/항(C2-7)   進 : 나아갈 진(F4-14)
• 作曲에서 曲은 '곡조' 라는 뜻으로 쓰였습니다.

曲을 필순에 맞게 쓰세요.

굽을/곡조 곡

빈 칸에 曲을 써 넣어 한자어를 만들고, 그 뜻을 읽어 보세요.

作 ☐　　作 ☐　　作 ☐

作曲(작곡) : 악곡을 지음. 또는 그 악곡

☐ 線　　☐ 線　　☐ 線

曲線(곡선) : 부드럽게 굽은 선

行 進 ☐　　行 進 ☐

行進曲(행진곡) : 행진하는 발걸음에 맞추어 작곡한 악곡

詩를 읽고 물음에 답하세요.

봄
빅토르 위고

봄이구나! 3월
감미로운 미소의 달 4월
*꽃 피는 ㉠5월 무더운 6월
모든 아름다운 달들은 나의 친구들이다
잠들어 있는 강가에 포플러 나무들
커다란 종려나무들처럼 부드럽게 휘어진다
*새는 포근하고 조용한 깊은 숲에서 파닥거린다
모두가 웃고 있는 것 같고 초록의 나무들이 모두들
함께 즐거워하고 시를 읊조리는 것 같다
해는 시원하고 부드러운 여명으로부터
왕관을 쓴 듯이 솟아오른다
밤이면 ㉡巨大한 그림자 사이로
*하늘이 내리는 축복 아래
영원히 행복한 뭔가를
노래하는 *소리가 들려오는 것 같다.

1. ㉠을 한자로 바꾸어 쓰세요.

2. ㉡의 음을 쓰세요.

3. 바르게 연결되지 않은 것을 고르세요.
   ① 꽃-花   ② 새-鳥   ③ 하늘-天   ④ 소리-山

빅토르 위고 [Victor-Marie Hugo, 1802.2.26~1885.5.22]
프랑스의 낭만파 시인이자 소설가입니다. 아버지는 그가 군인이 되길 원했지만, 문학에 흥미를 갖고 공부하여 여러 콩쿨에 입상했습니다. 그를 중심으로 세나클(클럽)을 이루어, 사실상 낭만주의자들의 지도자 역할을 했습니다. 1851년에 나폴레옹 3세가 쿠데타로 정권을 잡으려고 하자 이를 반대, 벨기에와 여러 섬을 거쳐 망명 생활을 했습니다. 그는 이 망명 기간 동안 가장 많은 작품을 집필했다고 합니다.
대표적인 저서에는 《레 미제라블》, 《크롬웰》 등이 있습니다.

이번 주에 배운 한자어를 넣어, 그림의 상황에 어울리게 짧은 글을 지어 보세요.

巨木

家具

1. 서로 관련 있는 것끼리 선으로 이으세요.

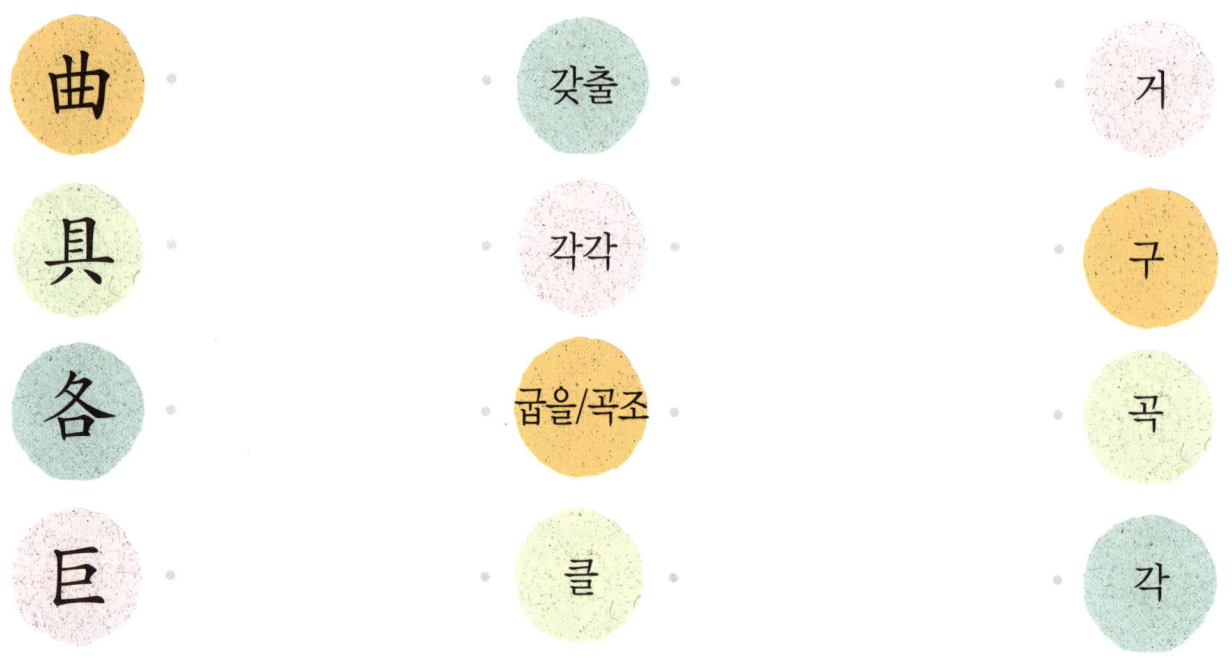

2. 다음 빈 칸에 공통적으로 들어갈 한자를 보기 에서 찾아 쓰세요.

보기   各   巨   具   曲

☐ 대	☐ 인	☐ 목	☐
용 ☐	도 ☐	가 ☐	☐
각 ☐	☐ 국	☐ 자	☐
작 ☐	행진 ☐	☐ 선	☐

3. 다음 밑줄 친 낱말의 뜻에 알맞은 한자를 쓰세요.

   • 아주 옛날에는 상상할 수 없을 만큼 **큰**(　　) 공룡이 살았다.

   • 원두막에서 우리는 **각각**(　　) 참외 하나씩을 순식간에 먹어치웠다.

   • 아파트 주민들을 위한 최신식 운동 기구를 **갖춘**(　　) 헬스클럽이 문을 열었다.

   • 그의 등은 마치 활처럼 **굽어**(　　) 있었다.

4. 서로 관련 있는 것끼리 선으로 이으세요.

   | 巨 | 各 | 曲 | 具 |

   | 工-총5획 | 口-총6획 | 八-총8획 | 日-총6획 |

5. 다음 빈 칸에 알맞은 한자어를 보기 에서 찾아 쓰세요.

   보기　　各國　　家具　　巨大　　作曲

   • 올림픽에서 [각][국]의 선수들이 국기를 들고 입장하고 있다.

   • [거][대]한 산도, 건물도 자연의 위력 앞에 속수무책이었다.

   • 엄마는 할머니께서 물려주신 손때 묻은 [가][구]를 정말로 애지중지하신다.

   • 재미있는 이야기를 음악으로 만든 피터와 늑대는 프로코피예프가 [作][곡]했다.

재미있는 한자 파자 점

옛날에 한자로 점을 잘 치는 사람이 있었습니다.
하루는 이 말을 들은 한 젊은이가 그 앞에 쭈그리고 앉자 점쟁이가 한 마디 던졌습니다.
"아무 글자나 골라보게나."
그 젊은이가 고민하다가 '中' 자를 고르자, 점쟁이가 기뻐하며,
"자넨 앞으로 큰 벼슬을 할걸세."라고 하였습니다.
그 이야기를 들은 그의 친구가 그 점쟁이를 다시 찾아와 역시 '中' 자를 골랐습니다.
그랬더니 점쟁이는 "자넨 매사에 근심만 가득하군."이라고 하였습니다.
그러자 그 친구가 벌컥 화를 내며
"아니, 같은 '中' 자에 왜 나만 나쁜 점이 나와요?"라고 물었습니다.
그러자 점쟁이가 말하기를
"첫 번째 젊은이의 마음(心) 한가운데(中)에는 오직 충성심(忠) 하나뿐이니 훗날 큰 공을 세우게 될 것이고, 자네 마음(心) 속(中)에는 여러 생각으로 가득 차 오직 근심(患)만 가득하네." 라고 하였습니다.
그 친구는 아무말도 못하고 서둘러 그 자리를 도망갔습니다.

확인하기 中 : 가운데 중(A4-15)　　心 : 마음 심(B1-3)　　忠 : 충성 충(D2-7)　　患 : 근심 환

 巨
클 거

 具
갖출 구

 各
각각 각

 曲
굽을/곡조 곡

巨 具 各 曲

클 거 갖출 구 각각 각 굽을/곡조 곡

E1집 2호 한자 카드

巨 具 各 曲

17a	1. 촌, 品, 시장, 서울
	2. 물건 품, 서울 경, 마디 촌, 시장 시
17b	3. 外三寸, 食品, 市内, 上京
	4. 상경, 사촌, 용품, 시립
18a	거인, 거대
18b	가구, 도구
19a	각각, 각자
19b	작곡, 곡선
20a	클, 거
20b	클, 거, 工, 5획
21a	貝, 갖출, 구
21b	갖출, 구, 八, 8획
22a	口, 각각, 각
22b	각각, 각, 口, 6획
23a	굽을/곡조, 곡
23b	굽을/곡조, 곡, 日, 6획
25a	1. 巨, 거대 2. 巨, 거목
25b	巨, 巨, 巨
26a	1. 具, 도구 2. 具, 용구
26b	具, 具, 具
27a	巨大, 目
27b	巨金, 各各, 도구
28a	1. 各, 각자 2. 各, 각국
28b	各, 各, 各, 各
29a	1. 曲, 곡선 2. 曲, 행진곡
29b	曲, 曲, 曲
30a	1. 五月 2. 거대 3. ④

31a 1.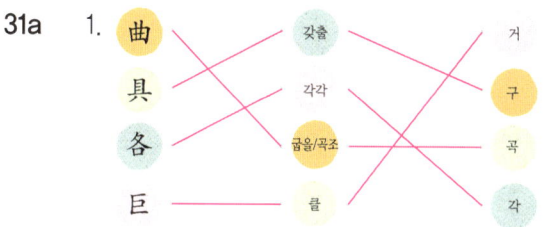

2. 巨, 具, 各, 曲

31b 3. 巨, 各, 具, 曲

4.

巨	各	曲	具
|	|	×	×
工 - 총5획	口 - 총6획	八 - 총8획	日 - 총6획

5. 各國, 巨大, 家具, 作曲

형성평가

1. ②　　　　　　　2. ④
3. 巨, 클 거　　　　4. 具
5. 거인　　　　　　6. 가구
7. 각자　　　　　　8. 작곡
9. 巨大　　　　　　10. 用具

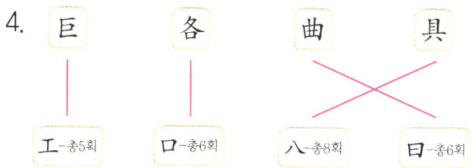

15. ④　　　　　　　16. ③
17. 各各　　　　　　18. 巨木
19. 作曲　　　　　　20. 用具

펴낸이 : 정지향
펴낸곳 : (주)기탄교육
기획·편집·디자인 : 기탄교육연구소
주소 : 06698 서울특별시 서초구 효령로 40 기탄출판센터
등록 : 제2000-000098호
전화 : (02)586-1007
팩스 : (02)586-2337

※서점에 갈 시간이 없거나 구하기 어려운 분은 인터넷 또는 전화로 신청하세요. 즉시 우송해 드립니다.
● www.gitan.co.kr

ⓒ (주)기탄교육 All rights reserved.
저작권자의 동의 없이 본 교재를 무단으로 복제하거나 전재하는 것을 금합니다.

E 단계에서 배운 한자들

巨 클 거

具 갖출 구

曲 굽을/곡조 곡

各 각각 각

寸 마디 촌   京 서울 경   品 물건 품   市 시장 시

♥ 엄마가 한자나 한자어를 부르고 아이가 받아쓰도록 합니다.

3호

기탄교과서한자 E단계 1집 33a~48a

E1집
1a-64a

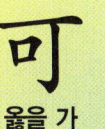 단계에서 배운 한자들

可	由	原	因
옳을 가	말미암을 유	근원 원	인할 인

寸	京	品	市	巨	具	各	曲
마디 촌	서울 경	물건 품	시장 시	클 거	갖출 구	각각 각	굽을/곡조 곡

기획·편집·디자인 기탄교육연구소
주소 06698 서울특별시 서초구 효령로 40 기탄출판센터 | **전화** (02) 586-1007 | **팩스** (02) 586-2337
ⓒ (주)기탄교육 All rights reserved. 본 교재의 저작에 관한 모든 권리는 (주)기탄교육에 있습니다. 저작권자의 동의 없이 본 교재를 무단으로 복제하거나 전재하는 것을 금합니다.

E단계에서 배운 한자들

由 말미암을 유
因 인할 인
原 근원 원
可 옳을 가

寸 마디 촌
京 서울 경
品 물건 품
市 시장 시
巨 클 거
具 갖출 구
各 각각 각
曲 굽을/곡조 곡

♥ 엄마가 한자나 한자어를 부르고 아이가 받아쓰도록 합니다.

4호

기탄교과서한자 E단계 1집 49a~64a

E1집
1a-64a

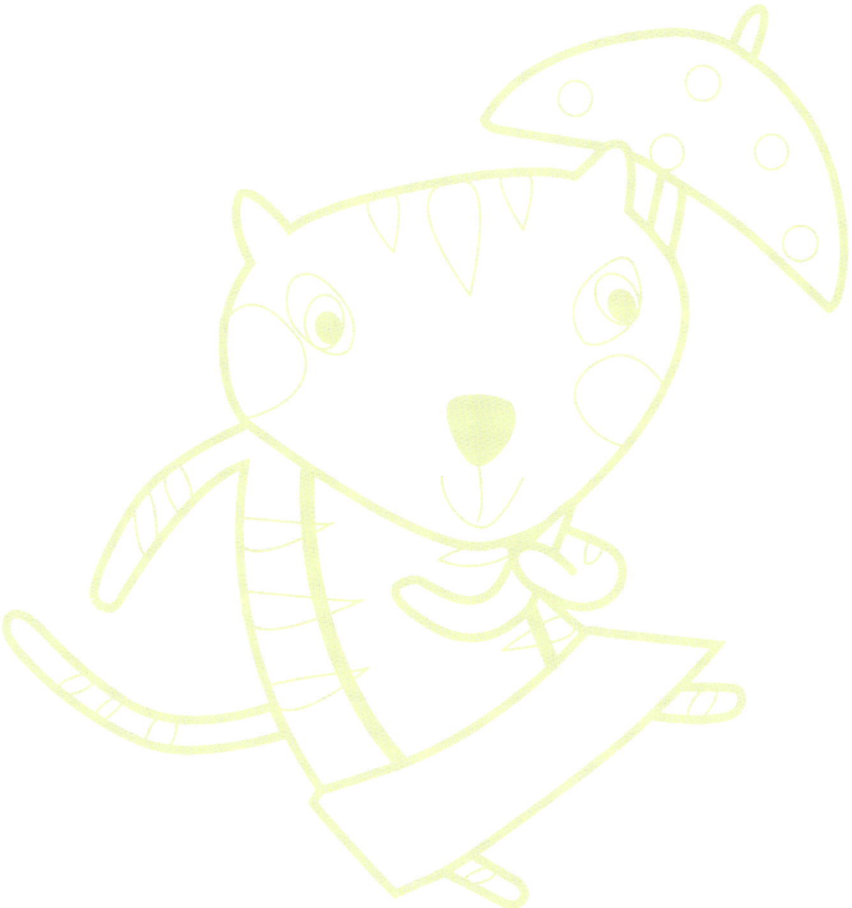

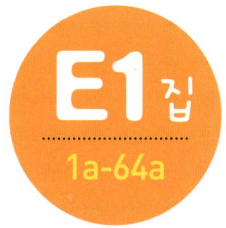

E1집
4호
49a-64a

초등 교과서 한자어를 총체 분석한 어휘력 향상 한자 학습 프로그램

기탄 교과서 한자

공부한 날   월   일 ~   월   일
교   반
이름   전화

www.gitan.co.kr

기탄교육

E단계 학습 한자 일람

	E단계						
1집	寸, 京, 品, 市 巨, 具, 各, 曲 可, 由, 原, 因	2집	同, 求, 失, 反 告, 共, 首, 民 元, 先, 年, 回	3집	不, 非, 未, 必 知, 加, 字, 幸 表, 形, 味, 香	4집	星, 軍, 相, 和 單, 別, 命, 祖 居, 章, 異, 再
	복습		복습		복습		복습

학습 진단 관리표

	한자		한자어		이번 주는
	읽기	쓰기	읽기	쓰기	
금주 평가	Ⓐ 아주 잘함	Ⓐ 아주 잘함	Ⓐ 아주 잘함	Ⓐ 아주 잘함	● 학습방법　❶ 매일매일　❷ 가끔　❸ 한꺼번에 하였습니다.
	Ⓑ 잘함	Ⓑ 잘함	Ⓑ 잘함	Ⓑ 잘함	● 학습태도　❶ 스스로 잘　❷ 시켜서 억지로 하였습니다.
	Ⓒ 보통	Ⓒ 보통	Ⓒ 보통	Ⓒ 보통	● 학습흥미　❶ 재미있게　❷ 싫증내며 하였습니다.
	Ⓓ 노력해야 함	Ⓓ 노력해야 함	Ⓓ 노력해야 함	Ⓓ 노력해야 함	● 교재내용　❶ 적합하다고　❷ 어렵다고　❸ 쉽다고 하였습니다.

지도 교사가 부모님께　　　　　　　　　　　　　　　　　부모님이 지도 교사께

종합평가	Ⓐ 아주 잘함	Ⓑ 잘함	Ⓒ 보통	Ⓓ 노력해야 함

1 일차 49a~52b
- '복습해요'를 통해 E1집에서 익힌 12자의 훈, 음, 형을 복습합니다.
- E1집에서 익힌 12자의 부수, 총획수, 자원, 훈음을 한 번 더 복습합니다.

2 일차 53a~56b
- 만화를 통해 고사성어 漁夫之利의 뜻과 쓰임을 알아보고 적절하게 사용할 수 있습니다.
- E1집에서 익힌 12자로 만들어지는 한자어의 뜻과 음을 한 번 더 복습합니다.

3 일차 57a~60b
- 동화 '슬기로운 재판'을 읽고 지금까지 배운 한자를 문장 속에 활용해 학습합니다.
- 畿, 線, 決, 能, 理, 要 등은 아직 배우지 않은 한자이므로 훈음 읽기 위주로 학습합니다.

4 일차 61a~62a
- E1집에서 익힌 한자어를 재미있는 퍼즐 형식에 담아 풀어 봅니다.
- 타고르의 시 '동방의 등불'을 감상하고 시 속에 쓰인 한자의 3요소를 풀이합니다.

5 일차 62b~64a
- 풀어보기를 통해 E1집에서 익힌 한자의 3요소와 한자어를 복습합니다.
- 이야기 보따리 '닭을 타고 집에 가겠네'를 읽고 우리 선조들의 해학과 재치를 이해하고 형성평가를 통해 학습성취도를 점검합니다.

빈 칸에 알맞은 훈음을 쓰세요.

1.

2. 서울 경

3.

4. 시장 시

5.

6.

7.

8.

9. 옳을 가

10. 말미암을 유

11.

12.

 빈 칸에 알맞은 훈음을 쓰고 필순에 맞게 한자를 쓰세요.

1.
훈: 음:
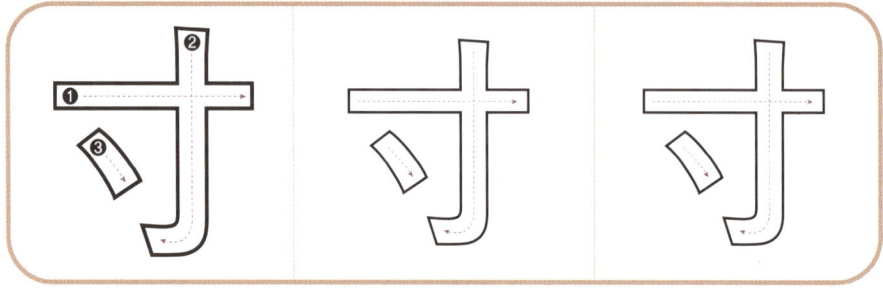

2.
훈: 음:
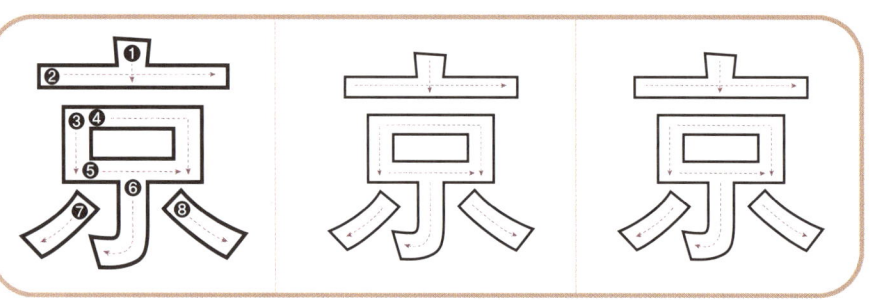

3.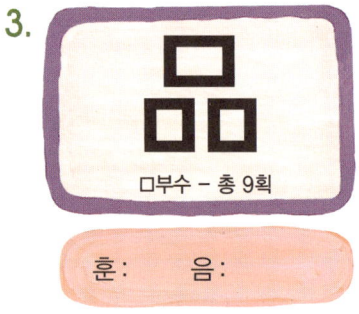
훈: 음:
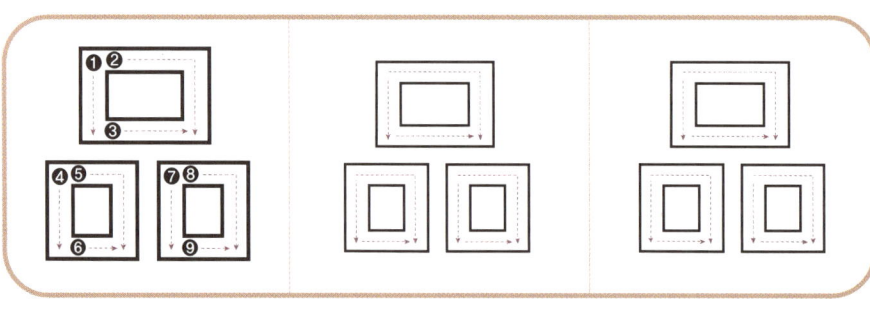

4.
훈: 음:
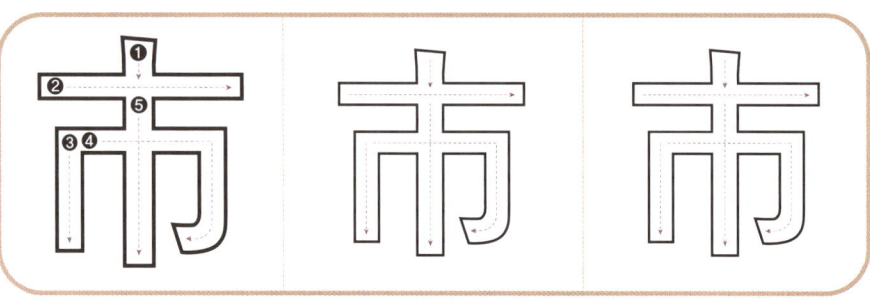

확인하기   亠: 돼지해밑 두   　口: 입 구(A3-10)   　巾: 수건 건

빈 칸에 알맞게 쓰세요.

1. 寸은 손가락을 한 뼘 펼친 손(㕚)에 점(-)을 찍어 나타낸 한자로 훈은 [　　] 이고, 음은 [　　] 입니다.

2. 京은 언덕 위에 집이 서 있는 모양을 본떠 만든 한자로 훈은 [　　] 이고, 음은 [　　] 입니다.

3. 品은 여러 사람의 입이 모여서 의견을 주고받는 모습을 본떠 만든 한자로 훈은 [　　] 이고, 음은 [　　] 입니다.

4. 市는 亠(돼지해밑 두) 와 巾 (수건 건) 을 합한 한자로 훈은 [　　] 이고, 음은 [　　] 입니다.

🔸 빈 칸에 알맞은 훈음을 쓰고 필순에 맞게 한자를 쓰세요.

1.
   工부수 – 총 5획
   훈: 음:

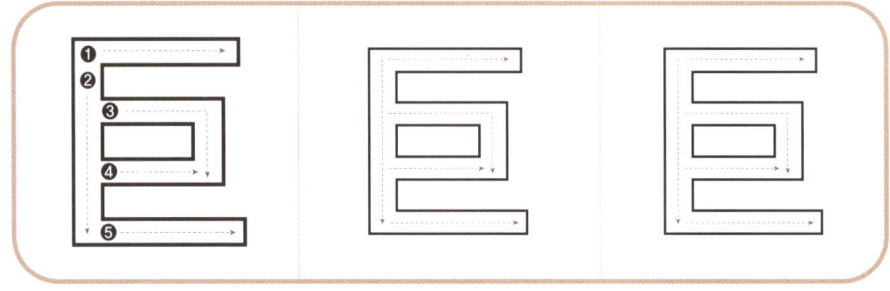

2.
   八부수 – 총 8획
   훈: 음:

3.
   口부수 – 총 6획
   훈: 음:

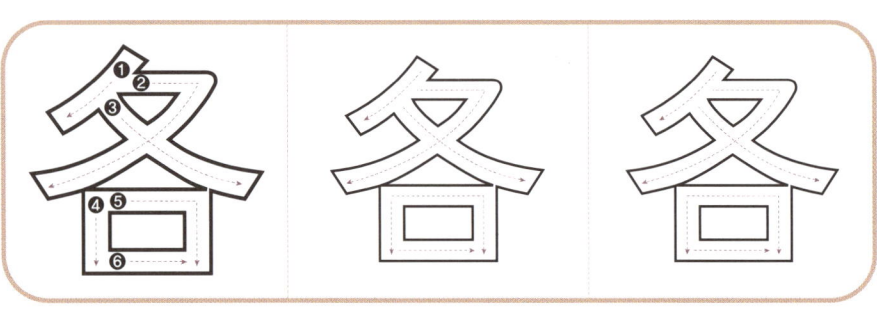

4.
   曰부수 – 총 6획
   훈: 음:

[확인하기] 工 : 장인 공(B2-6)   八 : 여덟 팔(A2-7)   口 : 입 구(A3-10)   曰 : 가로 왈

빈 칸에 알맞게 쓰세요.

1.
巨는 자 모양(工)으로 생긴 커다란 자를 손에 잡고 있는 사람의 모양을 본떠 만든 한자로 **훈**은 ☐ 이고, **음**은 ☐ 입니다.

2.
具는 ☐ (조개 패) 와 ☐ (받들 공)을 합한 한자로 **훈**은 ☐ 이고, **음**은 ☐ 입니다.

3.
各은 夂(뒤처져올 치) 와 ☐ (입 구) 를 합한 한자로 **훈**은 ☐ 이고, **음**은 ☐ 입니다.

4.
曲은 옛날 목수들이 사용하던 굽은 자의 모양을 본떠 만든 한자로 **훈**은 ☐ 이고, **음**은 ☐ 입니다.

확인하기 貝 : 조개 패(B3-9)　　廾 : 받들 공　　夂 : 뒤처져올 치

빈 칸에 알맞은 훈음을 쓰고 필순에 맞게 한자를 쓰세요.

1.
훈:　음:
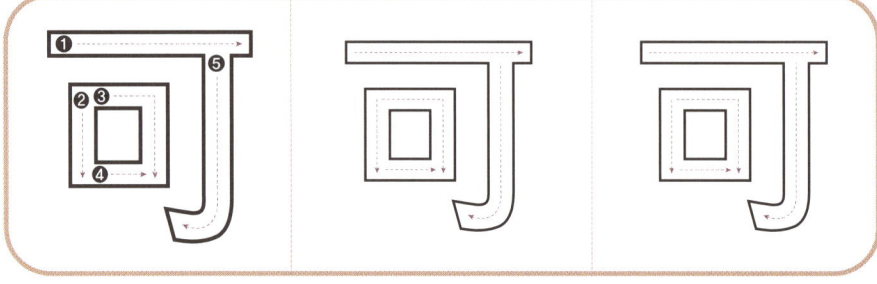

2.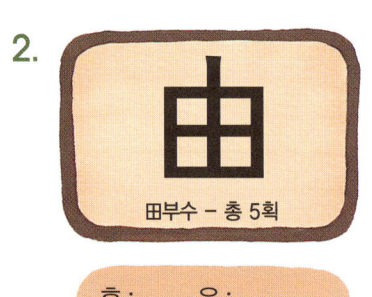
훈:　음:

3.
훈:　음:
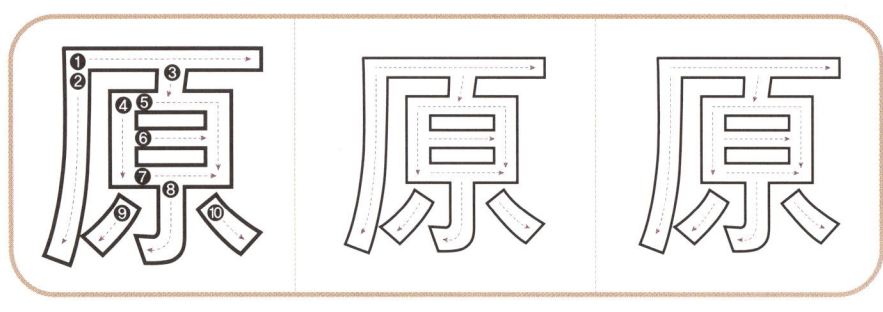

4.
훈:　음:
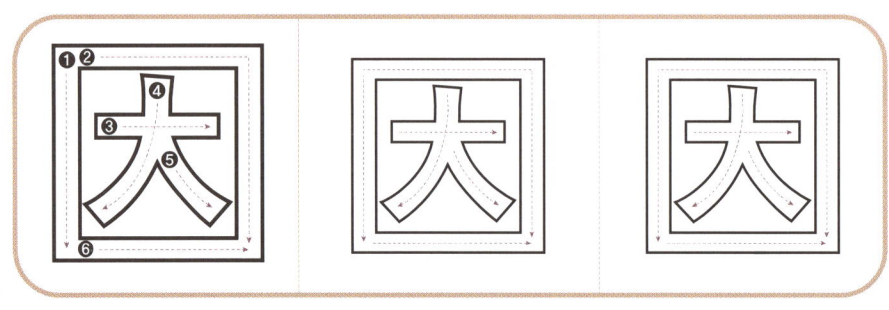

확인하기　口: 입 구(A3-10)　田: 밭 전(A4-13)　厂: 언덕 한　囗: 큰입 구(에운담)

빈 칸에 알맞게 쓰세요.

1.

可는 口와 자 모양의 나무 막대기 모양인 丁을 합해 만든 한자로
훈은 [ ] 이고, 음은 [ ] 입니다.

2.

由는 바닥이 깊은 술 단지의 모양을 본떠 만든 한자로
훈은 [ ] 이고, 음은 [ ] 입니다.

3.

原은 [厂 (언덕 한)] 과 [泉 (샘 천)] 을 합한 한자로
훈은 [ ] 이고, 음은 [ ] 입니다.

4.

因은 [口 (큰입 구)] 와 [(큰 대)] 를 합한 한자로
훈은 [ ] 이고, 음은 [ ] 입니다.

확인하기 丁 : 넷째 천간 정   泉 : 샘 천   大 : 큰 대(A4-14)

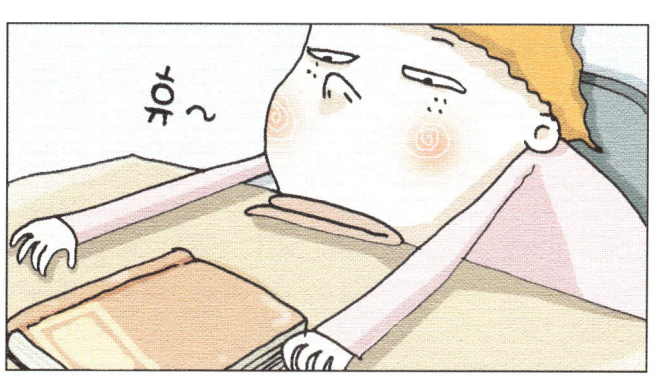

漁 : 고기잡을 **어**　　夫 : 남편 **부**　　之 : 어조사 **지**　　利 : 이로울 **리**

둘이 다투고 있는 사이에 엉뚱한 사람이 이익을 얻게 되는 일, 또는 그 이익을 말합니다.
도요새와 조개가 싸우고 있는 사이에 어부가 둘 다 모두 얻었다는 고사에서 유래되었습니다.

漢字語 다지기
寸 京 品 市

그림과 한자어를 연결하고 빈 칸에 음을 쓰세요.

1.

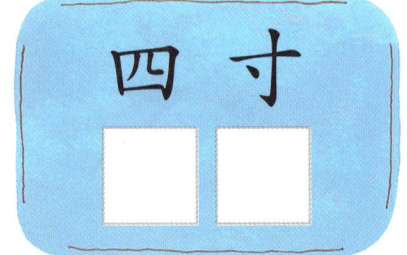
四寸

2.

上京

3.

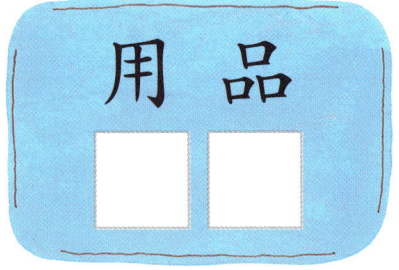
用品

4.

市內

四 : 넷 사(A2-6) 上 : 위 상(A4-15) 用 : 쓸 용(D1-3) 內 : 안 내(C2-5)

빈 칸에 알맞게 쓰세요.

1.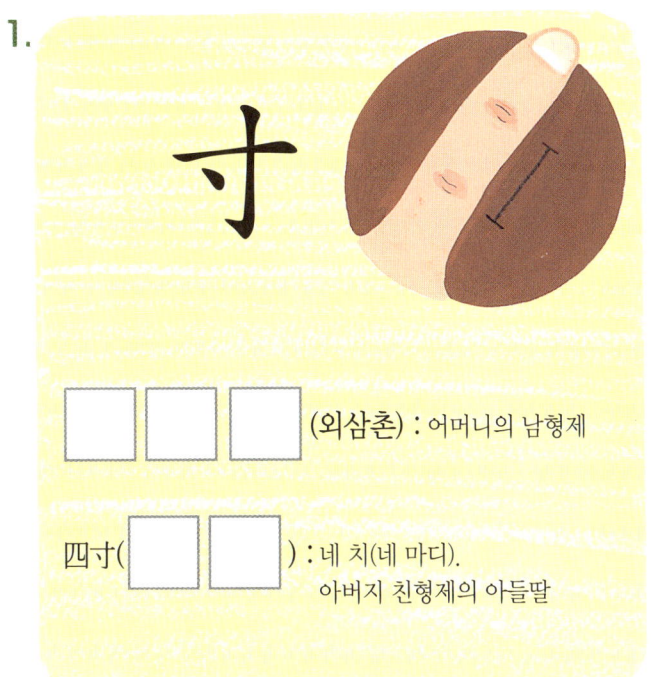

□□□ (외삼촌) : 어머니의 남형제

四寸(□□) : 네 치(네 마디). 아버지 친형제의 아들딸

2.

上京(□□) : 시골에서 서울로 올라옴

京畿道(경기도) : 한반도 중부 서쪽에 있는 도

3.

食品(□□) : 음식의 재료가 되는 물품

□□ (용품) : 무엇에 쓰이거나 필요한 여러 가지 물품

4.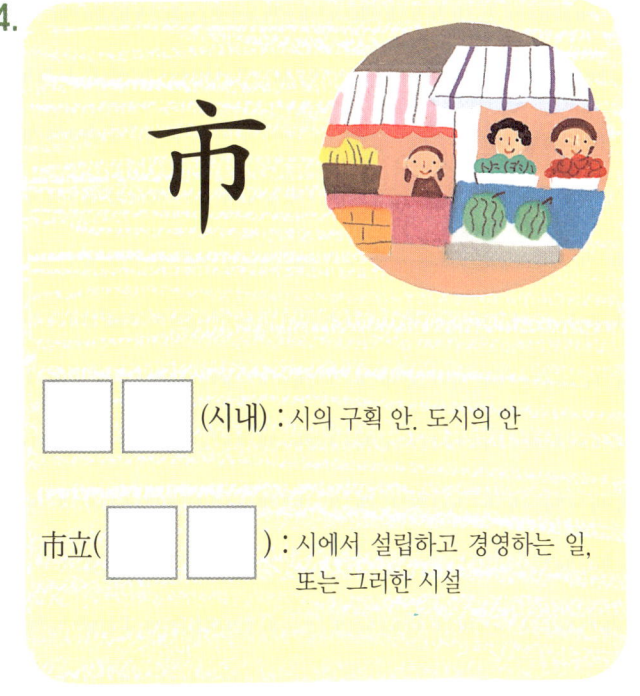

□□ (시내) : 시의 구획 안. 도시의 안

市立(□□) : 시에서 설립하고 경영하는 일, 또는 그러한 시설

外 : 밖 외(C2-5)   三 : 셋 삼(A2-5)   畿 : 경기 기   道 : 길 도(D3-10)   食 : 먹을 식(C3-11)   立 : 설 립(C2-6)

漢字語 다지기
巨 具 各 曲

🐾 그림과 한자어를 연결하고 빈 칸에 음을 쓰세요.

1.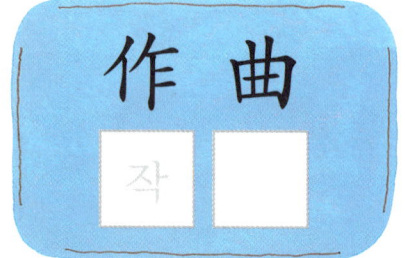
作曲 / 작 ☐

2.
巨人 ☐☐

3.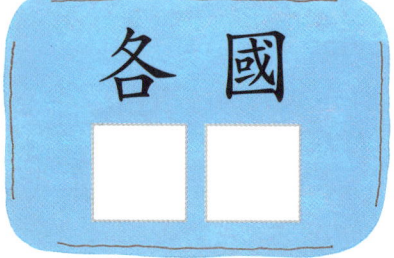
各國 ☐☐

4.
家具 ☐☐

作 : 지을 작(F3-10)   人 : 사람 인(A3-11)   國 : 나라 국(D4-13)   家 : 집 가(D4-13)

빈 칸에 알맞게 쓰세요.

1.

☐☐ (거대) : 엄청나게 큼

巨木(☐☐) : 매우 큰 나무.
큰 인물을 비유하여 이르는 말

2.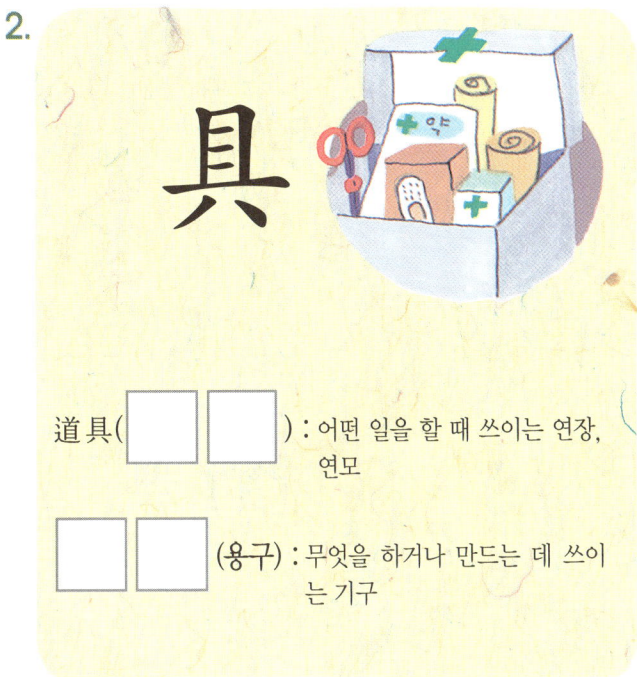

道具(☐☐) : 어떤 일을 할 때 쓰이는 연장, 연모

☐☐ (용구) : 무엇을 하거나 만드는 데 쓰이는 기구

3.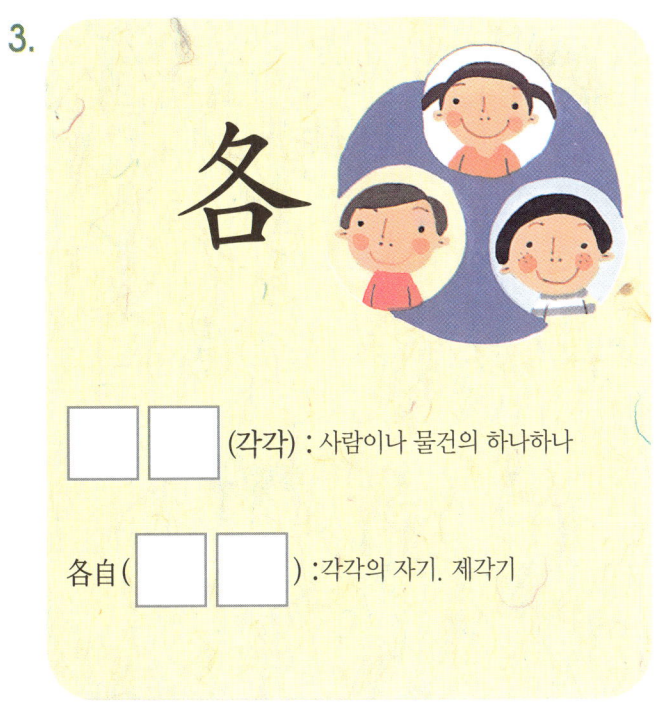

☐☐ (각각) : 사람이나 물건의 하나하나

各自(☐☐) : 각각의 자기. 제각기

4.

作☐ (작곡) : 악곡을 지음. 또는 그 악곡

曲線(곡선) : 부드럽게 굽은 선

大 : 큰 대(A4-14)   木 : 나무 목(A1-3)   道 : 길 도(D3-10)   用 : 쓸 용(D1-3)   自 : 스스로 자(B2-6)   線 : 줄 선

漢字語 다지기
可 由 原 因

🌙 그림과 한자어를 연결하고 빈 칸에 음을 쓰세요.

1.

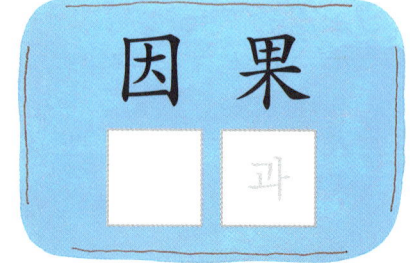
因 果
☐ 과

2.

草 原
☐ ☐

3.

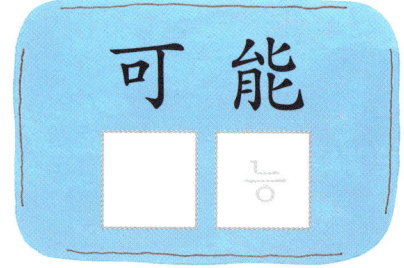
可 能
☐ 능

4.

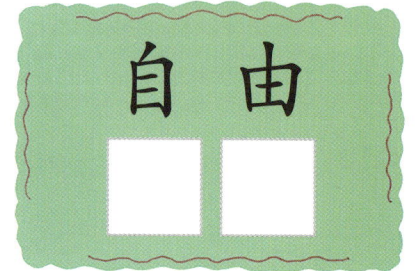
自 由
☐ ☐

확인하기 果 : 열매 과(G1-1)   草 : 풀 초(B4-13)   能 : 능할 능(G2-7)   自 : 스스로 자(B2-6)

E1-56a 기탄한자

빈 칸에 알맞게 쓰세요.

1.

可能(가능) : 할 수 있음

可決(가결) : 제출된 의안을 좋다고 인정하여 결정함

2.

由來(☐☐) : 사물이 어디에서 연유하여 옴. 또는 그 내력

☐☐(자유) : 남에게 얽매이거나 구속받거나 하지 않고 자기 마음대로 행동하는 일

3.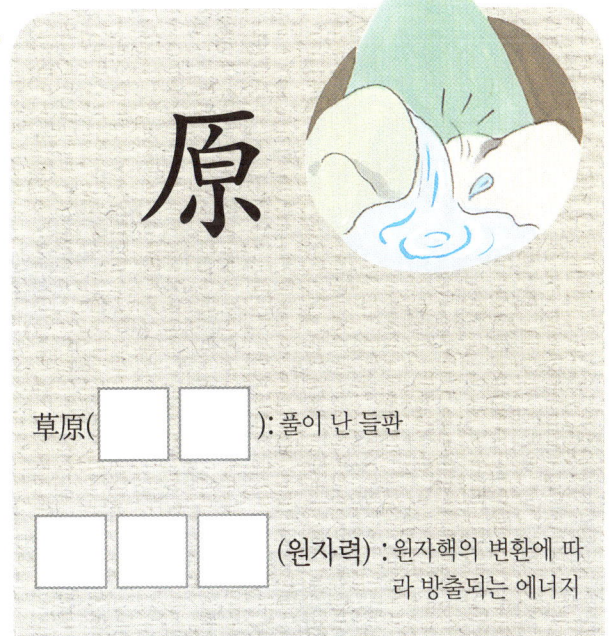

草原(☐☐) : 풀이 난 들판

(원자력) ☐☐☐ : 원자핵의 변화에 따라 방출되는 에너지

4.

原因(☐☐) : 사물의 말미암은 까닭

要因(요인) : 중요한 원인

決 : 결단할 결(F3-9)　　來 : 올 래(C2-6)　　子 : 아들 자(B1-2)　　力 : 힘 력(A4-14)　　要 : 요긴할 요(G1-2)

술술술 漢字 동화

동화를 읽고 보기 에서 알맞은 한자나 음을 찾아 쓰세요.

슬기로운 재판 2

원님은 곤란해졌습니다. 그때 한 아이가 앞으로 나서면서 말했습니다.

"저라면 그런 판결을 내리지 않겠습니다."

사람들은 눈이 휘둥그레지면서 아이를 보았습니다.

"먼저 수달을 발견한 것은 농부입니다. 농부가 수달을 잡은 까닭은 털을 얻기 위함이었지요. 그러니 농부에게 수달의 털을 주십시오."

"그렇다면 저 영감에게는 무엇을 주어야 하느냐?"

"수달을 잡은 것은 영감님네 개입니다. 그 개가 수달을 잡은 原因 □□ 은 고기를 먹기 위해서이지요. 그러니 개에게는 수달의 고기를 주면 될 것입니다."

보기   人品   원인   각각   거금

"옳거니! 훌륭한 판결이로고!"

그리하여 농부와 영감님은 **各各** ☐☐ 털과 고기를 나눠 가지게 되었습니다.

농부는 시장에 털을 내다 팔았고 **巨金** ☐☐ 을 벌었다고 합니다.

한편 자기 물건이 아닌 것에 욕심 부렸던 영감님은 배가 아파 데굴데굴 굴렀답니다. 이 아이가 나중에 자라서 가장 큰 포도청의 원님이 되었다고 합니다. 게다가 훌륭한 **인품** ☐☐ 을 갖춰 많은 사람들의

존경을 받았다고 합니다.

확인하기 　人 : 사람 인(A3-11)　　金 : 쇠/성 금/김(A1-3)

寸 京 品 市 마무리 하기

빈 칸에 알맞은 훈음을 쓰고 필순에 맞게 한자를 쓰세요.

一 寸 寸

1. 寸

丶 亠 亡 古 亨 京 京

2. 京

丨 口 口 口 品 品 品 品 品

3. 品

丶 亠 亠 市

4. 市

빈 칸에 알맞은 한자를 쓰세요.

1. 寸

四□	外三□	四□間
사촌	외삼촌	사촌간

2. 京

上□	□畿道	□仁線
상경	경기도	경인선

3. 品

食□	用□	作□
식품	용품	작품

4. 市

□內	□場	□立
시내	시장	시립

마무리 하기

巨 具 各 曲

빈 칸에 알맞은 훈음을 쓰고 필순에 맞게 한자를 쓰세요.

			一 厂 厅 匞 巨
巨 1.	巨	巨	
			丨 冂 月 月 目 且 具 具
具 2.	具	具	
			ノ ク 夂 冬 各 各
各 3.	各	各	
			丨 冂 日 由 曲 曲
曲 4.	曲	曲	

빈 칸에 알맞은 한자를 쓰세요.

1. 巨

□人	□大	□木
거인	거대	거목

2. 具

家□	道□	用□
가구	도구	용구

3. 各

□□	□自	□國
각각	각자	각국

4. 曲

作□	□線	行進□
작곡	곡선	행진곡

可 由 原 因

마무리하기

빈 칸에 알맞은 훈음을 쓰고 필순에 맞게 한자를 쓰세요.

一 丁 口 可

可

1.

丨 口 日 由 由

由

2.

一 厂 厂 厂 厉 厉 盾 原 原 原

原

3.

丨 冂 冂 円 囝 因

因

4.

빈 칸에 알맞은 한자를 쓰세요.

요리조리 漢字 퍼즐

설명에 맞도록 빈 칸에 알맞은 한자를 써 넣어 퍼즐을 완성하세요.

가로열쇠

③ 자유 : 남에게 얽매이거나 구속받거나 하지 않고 자기 마음대로 행동하는 일
⑤ 외삼촌 : 어머니의 남형제
⑦ 시내 : 시의 구획 안, 도시의 안
⑧ 원자력 : 원자핵의 변환에 따라 방출되는 에너지
⑨ 거인 : 몸이 아주 큰 사람
⑪ 식품 : 음식의 재료가 되는 물품

세로열쇠

① 각자 : 각각의 자기. 제각기
② 사촌 : 네 치(네 마디). 아버지의 친형제의 아들딸
④ 유래 : 사물이 어디에서 연유하여 옴. 또는 그 내력
⑥ 초원 : 풀이 난 들판
⑦ 시립 : 시에서 설립하고 경영하는 일, 또는 그러한 시설
⑨ 거목 : 매우 큰 나무. 큰 인물을 비유하여 이르는 말
⑩ 용품 : 무엇에 쓰이거나 필요한 여러 가지 물품

📖 詩를 읽고 물음에 답하세요.

동방의 등불

타고르

일찍이 아시아의 황금시기에
빛나던 등불의 하나인 코리아.
그 등불 다시 한 번 켜지는 날에
너는 ㉠東方의 밝은 빛이 되리라.
마음에는 두려움이 없고
머리는 높이 쳐들린 곳,
지식은 자유롭고
좁다란 담벽으로 ㉡세계가 조각조각 갈라지지 않는 곳.
진실의 깊은 속에서 말씀이 솟아나는 곳.
끊임없는 노력이 완성을 향하여 팔을 벌리는 곳.
지성의 맑은 흐름이
굳어진 습관의 모래벌판에 길 잃지 않는 곳.
무한히 퍼져나가는 생각과 행동으로
우리들의 마음이 인도되는 곳.
그러한 ㉢自由의 천국으로
내 마음의 조국 코리아여 깨어나소서.

1. ㉠의 음을 쓰세요.

2. ㉡을 한자로 바꾸어 쓰세요.

3. ㉢의 음을 쓰세요.

타고르 [Rabīndranāth Tagore, 1861.5.7~1941.8.7]
인도의 시인이자 철학자입니다. 11세경부터 시를 써서 16세 때 첫 시집인 《들꽃》을 냈습니다. 1909년에 출판한 시집 《기탄잘리》로 1913년, 아시아인으로는 최초로 노벨 문학상을 받았습니다. 그 뒤 세계 각국을 다니면서 동서 문화의 융합에 힘썼고, 샨티니케탄(평화학당)을 창설하여 교육에 헌신했습니다. 또한 벵골 스와라지 운동의 지도자가 되어 독립운동에도 힘을 쏟았습니다. 한편 한국을 소재로 한 두 편의 시 《동방의 등불》, 《패자의 노래》를 남기기도 했습니다. 타고르는 오늘날에도 간디와 함께 국부(國父)로 존경을 받고 있습니다.

1. 다음 한자의 훈음을 쓰세요.

1) 市　　2) 京　　3) 各

4) 巨　　5) 由　　6) 原

7) 寸　　8) 具　　9) 曲

10) 因　　11) 品　　12) 可

2. 다음 빈 칸에 들어갈 한자를 보기 에서 찾아 쓰세요.

보기: 寸 京 市 巨 具 各 品 因 由 原

13) 外三□　외삼촌　　14) 家□　가구

15) 食□　식품　　16) 自□　자유

17) □人　거인　　18) □內　시내

19) 原□　원인　　20) 上□　상경

21) 草□　초원　　22) □自　각자

3. 다음 풀이와 한자어를 바르게 연결하세요.

23) 네 치(네 마디). 아버지 친형제의 아들딸 · · 用品

24) 각 나라 · · 原子力

25) 엄청나게 큼 · · 巨大

26) 무엇에 쓰이거나 필요한 여러 가지 물품 · · 各國

27) 원자핵의 변환에 따라 방출되는 에너지 · · 四寸

4. 왼쪽의 한자어가 되도록 바르게 연결하세요.

28) 시립 · 市 · 品

29) 도구 · 由 · 具

30) 거목 · 食 · 來

31) 유래 · 巨 · 立

32) 식품 · 道 · 木

5. 다음 훈음에 알맞은 한자를 쓰세요.

33) 클 거

34) 근원 원

35) 굽을/곡조 곡

36) 물건 품

37) 옳을 가

38) 갖출 구

39) 서울 경

40) 말미암을 유

41) 인할 인

42) 마디 촌

43) 각각 각

44) 시장 시

닭을 타고 집에 가겠네

옛날 김선생이란 사람이 어느 날 친구의 집을 방문하였습니다.
친구가 그를 반겨 맞으며 술을 대접하는데 안주는 오직 채소뿐이었습니다.
친구가 먼저 이렇게 사과하며 술을 권하였습니다.
"형편은 어렵고 시장은 또 멀어서 대접할 것이라곤 오직 채소뿐이네. 이거 대접이 형편없어 미안하네."
김선생도 친구의 말을 듣고 고개를 끄덕였습니다. 서로 넉넉치 못한 형편은 잘 알고 있는 처지였기 때문입니다. 그런데 문득 뜰을 보니 여러 마리의 닭이 모여 여기저기 모이를 쪼아먹고 있었습니다.

그 모습을 보고 김선생이 헛기침을 하고 이렇게 말하였습니다.
"대장부가 어찌 천금을 아끼겠는가. 마땅히 내가 타고 온 말을 잡아서 술안주로 하세."
느닷없는 이 말에 주인인 친구가 눈을 둥그렇게 뜨고 물었습니다.
"말을 잡으면 무엇을 타고 돌아간단 말인가."
그러자 김선생은 크게 웃으며 이렇게 말하였습니다.
"그야 저기 있는 닭(鷄)을 빌려(借) 타고(騎) 가면(還) 되지."
그제서야 김선생의 말뜻을 알아챈 친구는 크게 웃고 곧 뜰에 있는 닭을 한 마리 잡아서 대접하였습니다.

鷄 : 닭 계   借 : 빌 차   騎 : 탈 기   還 : 돌아올 환

寸	京	品	市
마디 촌	서울 경	물건 품	시장 시

巨	具	各	曲
클 거	갖출 구	각각 각	굽을/곡조 곡

可	由	原	因
옳을 가	말미암을 유	근원 원	인할 인

寸 京 品 市

巨 具 各 曲

可 由 原 因

E단계 4호
해답

49a	1. 마디 촌	2. 서울 경	3. 물건 품	
	4. 시장 시	5. 클 거	6. 갖출 구	
49b	7. 각각 각	8. 굽을/곡조 곡		
	9. 옳을 가	10. 말미암을 유		
	11. 근원 원	12. 인할 인		
50a	1. 마디, 촌	2. 서울, 경		
	3. 물건, 품	4. 시장, 시		
50b	1. 마디, 촌	2. 서울, 경		
	3. 물건, 품	4. 시장, 시		
51a	1. 클, 거	2. 갖출, 구		
	3. 각각, 각	4. 굽을/곡조, 곡		
51b	1. 클, 거	2. 貝, 갖출, 구		
	3. 口, 각각, 각	4. 굽을/곡조, 곡		
52a	1. 옳을, 가	2. 말미암을, 유		
	3. 근원, 원	4. 인할, 인		
52b	1. 옳을, 가	2. 말미암을, 유		
	3. 근원, 원	4. 大, 인할, 인		
54a	사촌, 상경, 용품, 시내			
54b	1. 外三寸, 사촌	2. 상경		
	3. 식품, 用品	4. 市內, 시립		
55a	작곡, 거인, 각국, 가구			
55b	1. 巨大, 거목	2. 도구, 用具		
	3. 各各, 각자	4. 作曲		
56a	인과, 초원, 가능, 자유			
56b	2. 유래, 自由	3. 초원, 原子力	4. 원인	
57a	원인			
57b	각각, 거금, 人品			
61b	① 各	② 四, 寸	③, ④ 由	
	⑤ 三, 寸	⑥ 原	⑦ 市	
	⑧ 原	⑨ 巨	⑩, ⑪ 品	

62a	1. 동방	2. 世界	3. 자유	
62b	1) 시장 시	2) 서울 경	3) 각각 각	
	4) 클 거	5) 말미암을 유	6) 근원 원	
	7) 마디 촌	8) 갖출 구	9) 굽을/곡조 곡	
	10) 인할 인	11) 물건 품	12) 옳을 가	
	13) 寸 14) 具	15) 品 16) 由	17) 巨	
	18) 市 19) 因	20) 京 21) 原	22) 各	
63a	23) 네 차(네 마디, 아버지 친형제의 아들딸) — 用品			
	24) 각 나라 — 原子力			
	25) 엄청나게 큼 — 巨大			
	26) 무엇에 쓰이거나 필요한 여러 가지 물품 — 各國			
	27) 원자핵의 변환에 따라 방출되는 에너지 — 四寸			
	28) 시립 — 市 — 品			
	29) 도구 — 由 — 具			
	30) 거목 — 食 — 來			
	31) 유래 — 巨 — 立			
	32) 식품 — 道 — 木			
63b	33) 巨 34) 原 35) 曲 36) 品 37) 可			
	38) 具 39) 京 40) 由 41) 因 42) 寸			
	43) 各 44) 市			

형성평가

1. 寸　　2. 原　　3. ③
4. ②　　5. 寸, 마디 촌　　6. 由
7. 상경　　8. 거인　　9. 초원
10. 외삼촌　　11. 品　　12. 巨
13. 原　　14. ③　　15. ②
16. ③　　17. 市立　　18. 巨木
19. 原子力　　20. 家具

펴낸이 : 정지향
펴낸곳 : (주)기탄교육
기획·편집·디자인 : 기탄교육연구소
주소 : 06698 서울특별시 서초구 효령로 40 기탄출판센터
등록 : 제2000-000098호
전화 : (02)586-1007
팩스 : (02)586-2337

※서점에 갈 시간이 없거나 구하기 어려운 분은 인터넷 또는 전화로 신청하세요. 즉시 우송해 드립니다.
● www.gitan.co.kr

ⓒ (주)기탄교육 All rights reserved.
저작권자의 동의 없이 본 교재를 무단으로 복제하거나 전재하는 것을 금합니다.

기탄 교과서 한자

쓰기 보따리

E1집
1a-64a

기초부터 탄탄하게
기탄교육

기탄 교과서 한자

E단계 1집

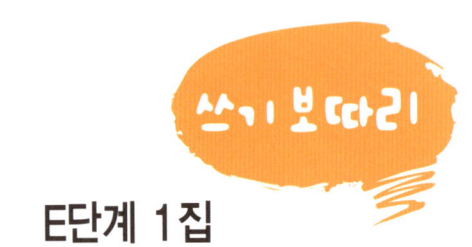

필순이란?

한자를 가장 쉽고 편하게 쓰는 순서를 말합니다. 필순에 따라 한자를 쓰면 글자의 형태에 따른 짜임새를 파악하기 쉽고 맵시 있는 모양으로 한자를 써 나갈 수 있습니다.

 이와 같이 필순이란 한자의 모양을 정돈하고 바르게 쓰기 위해 오랜 세월동안 연구되어 오고 오늘날까지 전해져 내려온 것이므로 필순에 따라서 한자를 쓰는 것이 바람직합니다. 그러므로 한자마다 일정한 필순을 지니고 있습니다. 그러나 예외가 있는 것도 인정되고 한 글자에 두 가지의 필순이 있는 것도 있습니다. 이는 필순이 서로 다른 것이 존재한다는 것이지 틀린 것이 아닙니다.

 예전처럼 붓으로 한자를 쓰던 시대에는 점과 획의 순서와 방향에 따라 글자의 모양도 영향을 받았으나 현재처럼 필기구가 변화되고 컴퓨터에 의한 입력이 대부분인 시대에 와서는 예외적인 필순의 통용이 더욱 증가되는 추세입니다. 하지만 일반적인 필순은 반드시 지켜야 하는 기본 원칙이 존재합니다. 이 기본 원칙은 꼭 지키며 한자를 쓰는 습관이 중요합니다.

E단계 1집에서 익힌 한자와 한자어를 필순의 기본 원칙을 지키며 써 보세요.

漢字쓰기

寸의 훈음을 큰소리로 읽고 필순에 맞게 한자를 쓰세요.

마디 촌

一 寸 寸

寸	寸	寸	寸
마디 촌	마디 촌	마디 촌	마디 촌

寸 부수 – 총 3획

● 寸으로 만든 한자어 : 四寸(사촌)　外三寸(외삼촌)　四寸間(사촌간)

漢字쓰기

京의 훈음을 큰소리로 읽고 필순에 맞게 한자를 쓰세요.

서울 경

丶 亠 亠 古 古 亨 京 京

京 京 京 京

서울 경　서울 경　서울 경　서울 경

亠 부수 - 총 8획

● 京으로 만든 한자어 : 上京(상경)　京畿道(경기도)　京仁線(경인선)

漢字쓰기

品의 훈음을 큰소리로 읽고 필순에 맞게 한자를 쓰세요.

물건 품

| ノ 口 口 口 口 口 口 品 品 品 |

品	品	品	品
물건 품	물건 품	물건 품	물건 품

口 부수 - 총 9획

● 品으로 만든 한자어 : 食品(식품)   用品(용품)   作品(작품)

 漢字쓰기

市의 훈음을 큰소리로 읽고 필순에 맞게 한자를 쓰세요.

시장 시

巾 부수 - 총 5획

丶 亠 宀 市 市

市 市 市 市
시장 시 시장 시 시장 시 시장 시

● 市로 만든 한자어 : 市內(시내) 市場(시장) 市立(시립)

漢字쓰기

🔆 巨의 훈음을 큰소리로 읽고 필순에 맞게 한자를 쓰세요.

巨
클 거

一 ㄱ ㅌ ㅌ 巨

巨	巨	巨	巨
클 거	클 거	클 거	클 거

巨
工 부수 – 총 5획

● 巨로 만든 한자어 : 巨人(거인)   巨大(거대)   巨木(거목)

漢字쓰기

具의 훈음을 큰소리로 읽고 필순에 맞게 한자를 쓰세요.

갖출 구

丨 冂 冂 冃 目 目 具 具

具　具　具　具

갖출 구　갖출 구　갖출 구　갖출 구

具

八 부수 - 총 8획

● 具로 만든 한자어 : 家具(가구)　道具(도구)　用具(용구)

漢字쓰기

各의 훈음을 큰소리로 읽고 필순에 맞게 한자를 쓰세요.

각각 각

ノ ク 夂 冬 各 各

各 各 各 各
각각 각 각각 각 각각 각 각각 각

各
口 부수 – 총 6획

● 各으로 만든 한자어 : 各各(각각) 各自(각자) 各國(각국)

漢字쓰기

✏️ 曲의 훈음을 큰소리로 읽고 필순에 맞게 한자를 쓰세요.

굽을/곡조 곡

丨 冂 曲 由 曲 曲

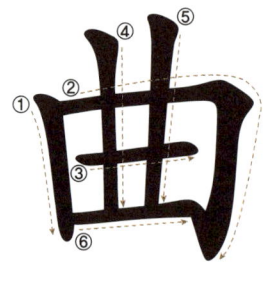

日 부수 - 총 6획

● 曲으로 만든 한자어 : 作曲(작곡)   曲線(곡선)   行進曲(행진곡)

漢字 쓰기

可의 훈음을 큰소리로 읽고 필순에 맞게 한자를 쓰세요.

可
옳을 가

一 丁 丏 可 可

| 可 | 可 | 可 | 可 |
| 옳을 가 | 옳을 가 | 옳을 가 | 옳을 가 |

口 부수 - 총 5획

● 可로 만든 한자어 : 可能(가능)   可決(가결)   不可能(불가능)

漢字쓰기

🔶 由의 훈음을 큰소리로 읽고 필순에 맞게 한자를 쓰세요.

말미암을 유

ㅣ 冂 日 由 由

由	由	由	由
말미암을 유	말미암을 유	말미암을 유	말미암을 유

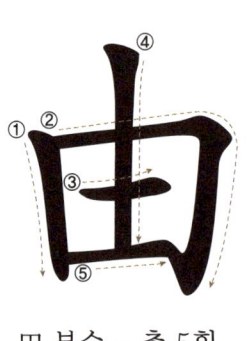

田 부수 - 총 5획

● 由로 만든 한자어 : 自由(자유)　　由來(유래)　　理由(이유)

漢字쓰기

原의 훈음을 큰소리로 읽고 필순에 맞게 한자를 쓰세요.

原
근원 원

一厂厂厂厂厂原原原

原 原 原 原
근원 원   근원 원   근원 원   근원 원

厂 부수 - 총 10획

● 原으로 만든 한자어 : 原子力(원자력)　原因(원인)　草原(초원)

漢字쓰기

因의 훈음을 큰소리로 읽고 필순에 맞게 한자를 쓰세요.

인할 인

丨 冂 冃 囝 因 因

因	因	因	因
인할 인	인할 인	인할 인	인할 인

口 부수 – 총 6획

● 因으로 만든 한자어 : 原因(원인)　因果(인과)　要因(요인)

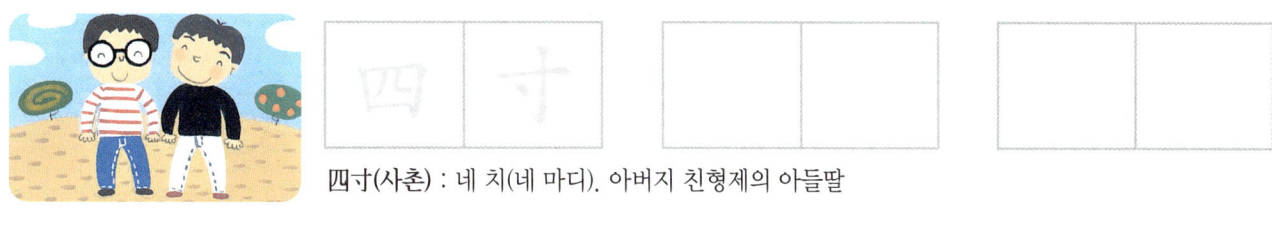

寸이 들어가는 한자어를 알아보고 빈 칸에 한자어를 쓰세요.

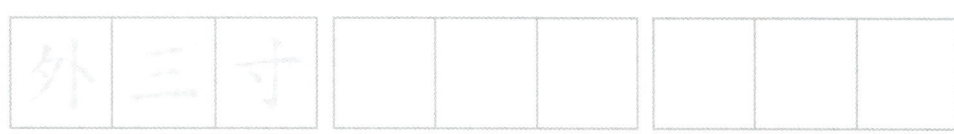

四寸(사촌) : 네 치(네 마디). 아버지 친형제의 아들딸

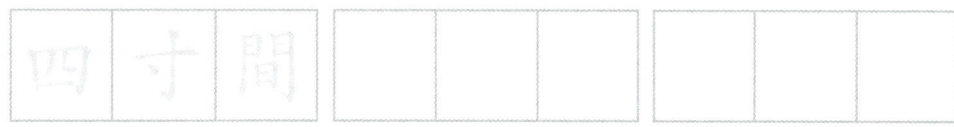

外三寸(외삼촌) : 어머니의 남형제

四寸間(사촌간) : 고모의 자녀, 외삼촌의 자녀, 이모의 자녀들 사이의 관계

빈 칸에 알맞은 한자를 써 넣어 寸이 들어가는 한자어를 알아보세요.

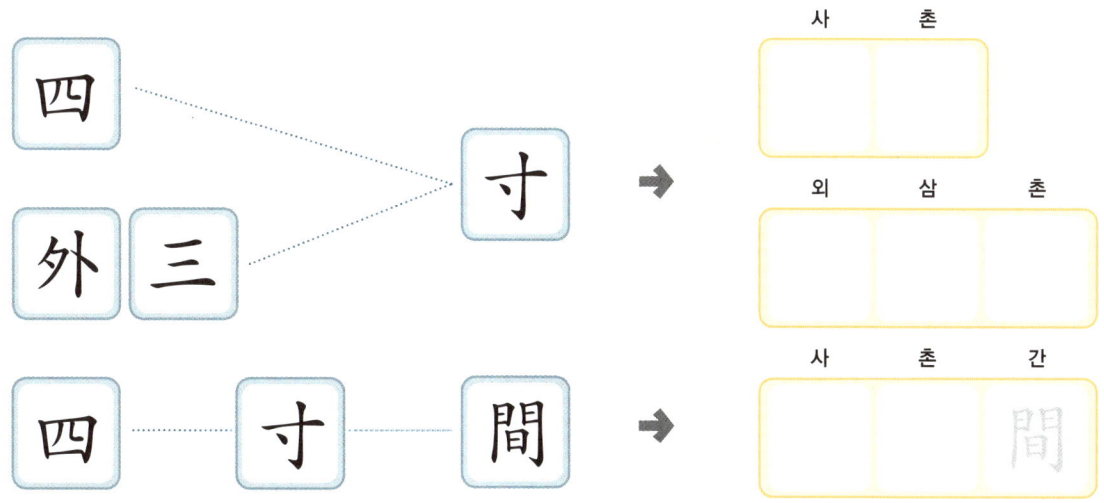

漢字語 쓰기

📘 京이 들어가는 한자어를 알아보고 빈 칸에 한자어를 쓰세요.

上京(상경) : 시골에서 서울로 올라옴

京畿道(경기도) : 한반도 중부 서쪽에 있는 도

京仁線(경인선) : 서울과 인천을 잇는 한국 최초의 철도

🔍 빈 칸에 알맞은 한자를 써 넣어 京이 들어가는 한자어를 알아보세요.

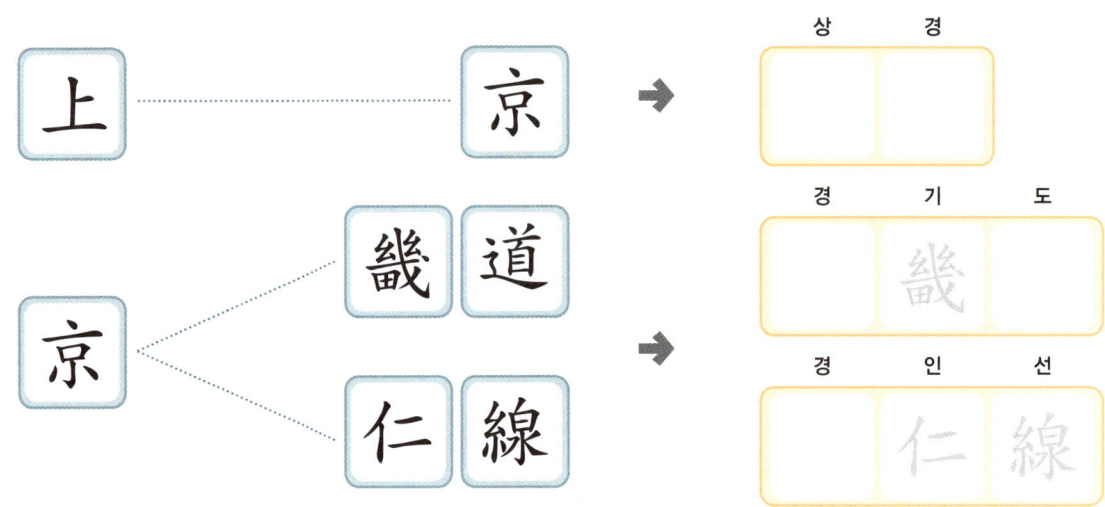

漢字語 쓰기

🍃 品이 들어가는 한자어를 알아보고 빈 칸에 한자어를 쓰세요.

食品(식품) : 음식의 재료가 되는 물품

用品(용품) : 무엇에 쓰이거나 필요한 여러 가지 물품

作品(작품) : 만든 물건. 그림, 조각, 소설, 시 등 예술 활동으로 만든 것

🌀 빈 칸에 알맞은 한자를 써 넣어 品이 들어가는 한자어를 알아보세요.

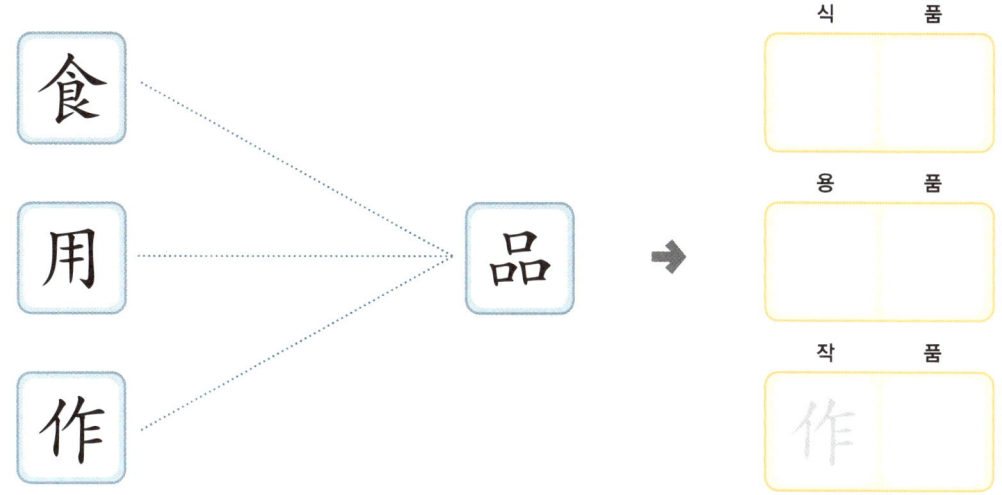

漢字語 쓰기

🔵 市가 들어가는 한자어를 알아보고 빈 칸에 한자어를 쓰세요.

市內(시내) : 시의 구획 안. 도시의 안

市場(시장) : 여러 가지 상품을 팔고 사는 장소

市立(시립) : 시에서 설립하고 경영하는 일. 또는 그러한 시설

🔵 빈 칸에 알맞은 한자를 써 넣어 市가 들어가는 한자어를 알아보세요.

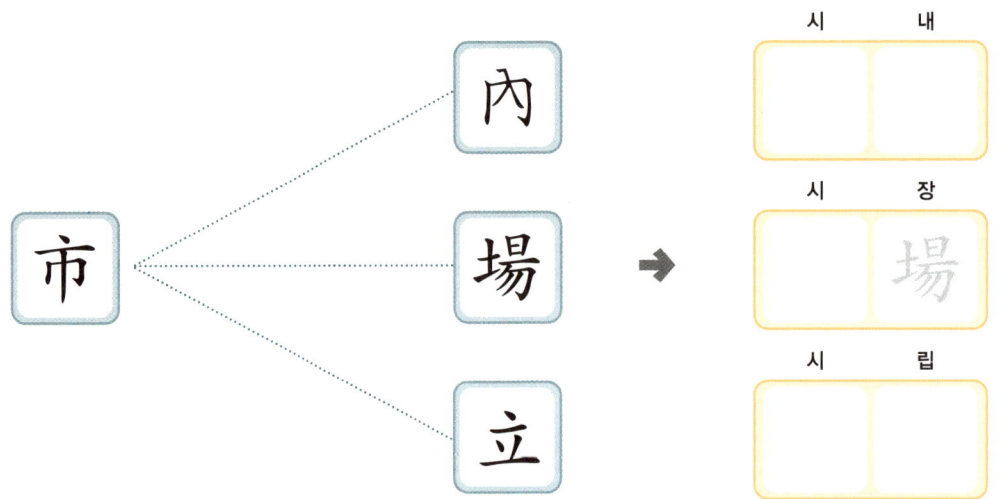

漢字語 쓰기

🔷 巨가 들어가는 한자어를 알아보고 빈 칸에 한자어를 쓰세요.

巨人(거인) : 몸이 아주 큰 사람

巨大(거대) : 엄청나게 큼

巨木(거목) : 매우 큰 나무. 큰 인물을 비유하여 이르는 말

🔷 빈 칸에 알맞은 한자를 써 넣어 巨가 들어가는 한자어를 알아보세요.

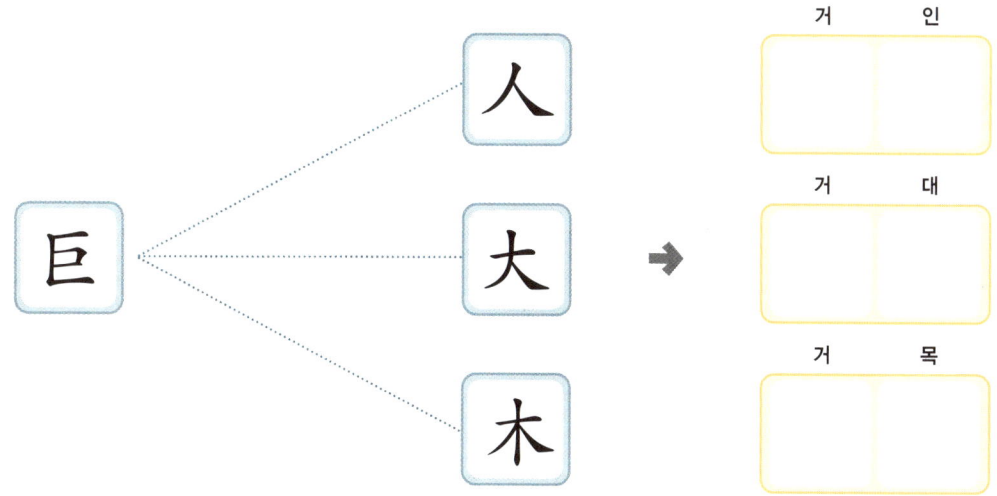

漢字語 쓰기

具가 들어가는 한자어를 알아보고 빈 칸에 한자어를 쓰세요.

家具(가구) : 가정의 살림살이에 쓰이는 온갖 세간

道具(도구) : 어떤 일을 할 때 쓰이는 연장, 연모

用具(용구) : 무엇을 하거나 만드는 데 쓰이는 기구

빈 칸에 알맞은 한자를 써 넣어 具가 들어가는 한자어를 알아보세요.

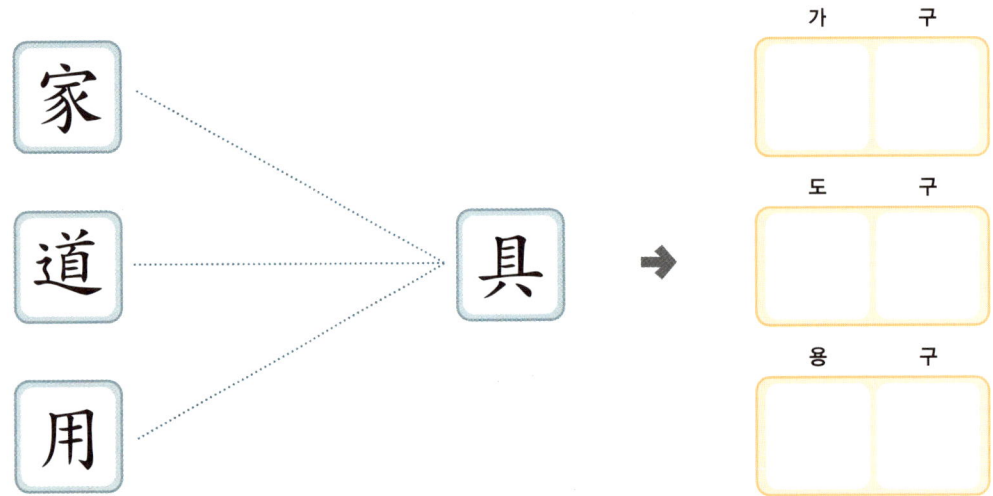

漢字語 쓰기

🍃 各이 들어가는 한자어를 알아보고 빈 칸에 한자어를 쓰세요.

各各(각각) : 사람이나 물건의 하나하나

各自(각자) : 각각의 자기. 제각기

各國(각국) : 각 나라

🌏 빈 칸에 알맞은 한자를 써 넣어 各이 들어가는 한자어를 알아보세요.

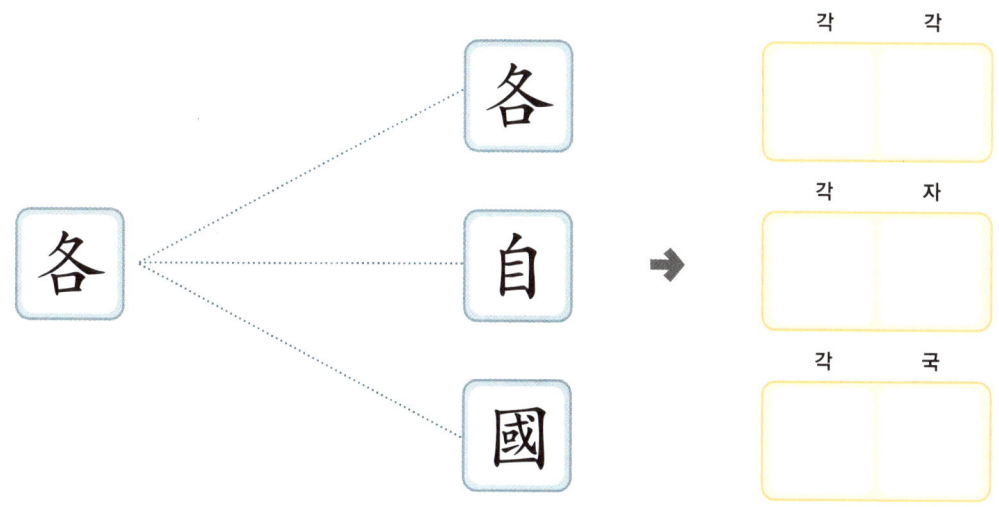

漢字語 쓰기

🍋 曲이 들어가는 한자어를 알아보고 빈 칸에 한자어를 쓰세요.

作曲(작곡) : 악곡을 지음. 또는 그 악곡

曲線(곡선) : 부드럽게 굽은 선

行進曲(행진곡) : 행진하는 발걸음에 맞추어 작곡한 악곡

🌏 빈 칸에 알맞은 한자를 써 넣어 曲이 들어가는 한자어를 알아보세요.

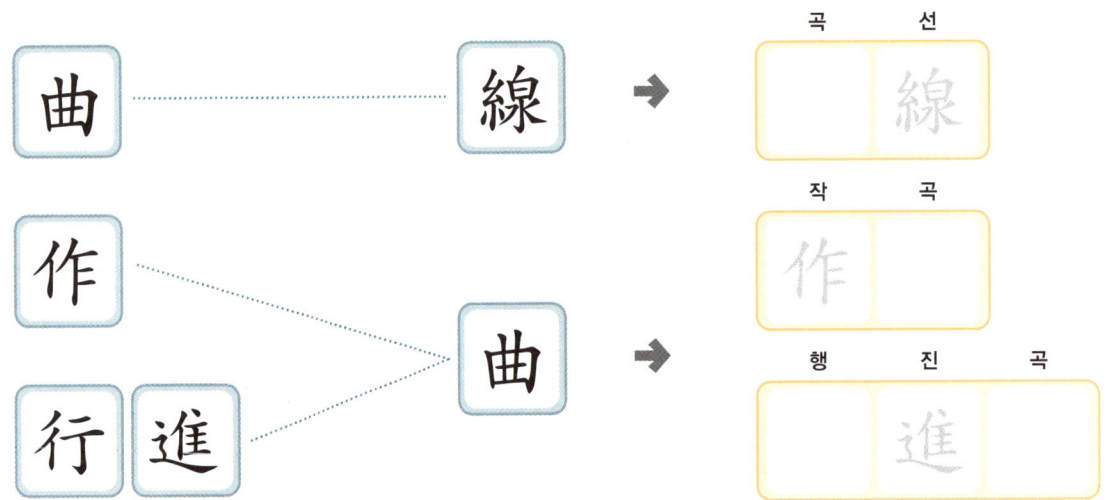

可가 들어가는 한자어를 알아보고 빈 칸에 한자어를 쓰세요.

可能(가능) : 할 수 있음

可決(가결) : 제출된 의안을 좋다고 인정하여 결정함

不可能(불가능) : 할 수 없음. 불능

빈 칸에 알맞은 한자를 써 넣어 可가 들어가는 한자어를 알아보세요.

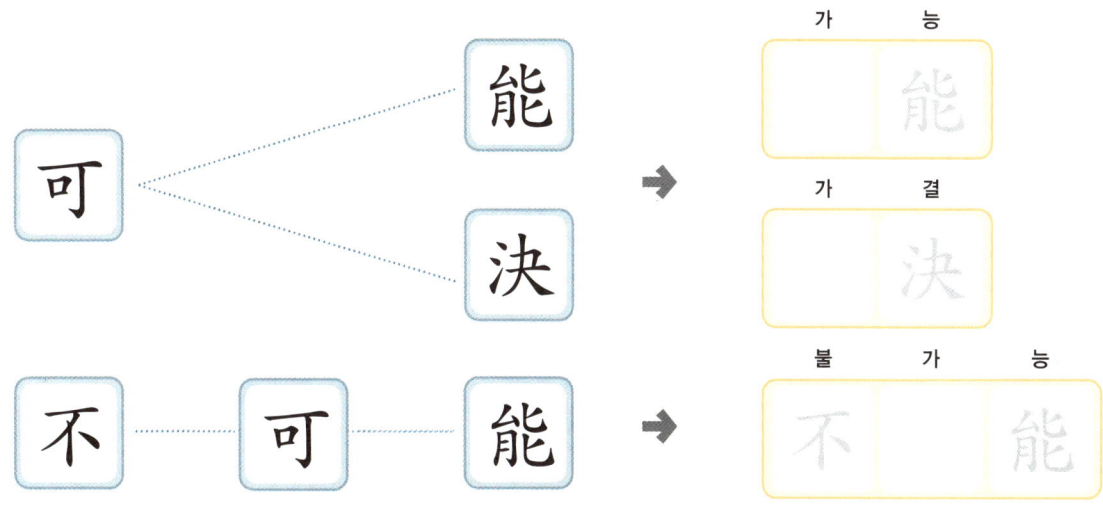

漢字語 쓰기

📖 由가 들어가는 한자어를 알아보고 빈 칸에 한자어를 쓰세요.

自由(자유) : 남에게 얽매이거나 구속받거나 하지 않고 자기 마음대로 행동하는 일

由來(유래) : 사물이 어디에서 연유하여 옴, 또는 그 내력

理由(이유) : 까닭, 사유

🔍 빈 칸에 알맞은 한자를 써 넣어 由가 들어가는 한자어를 알아보세요.

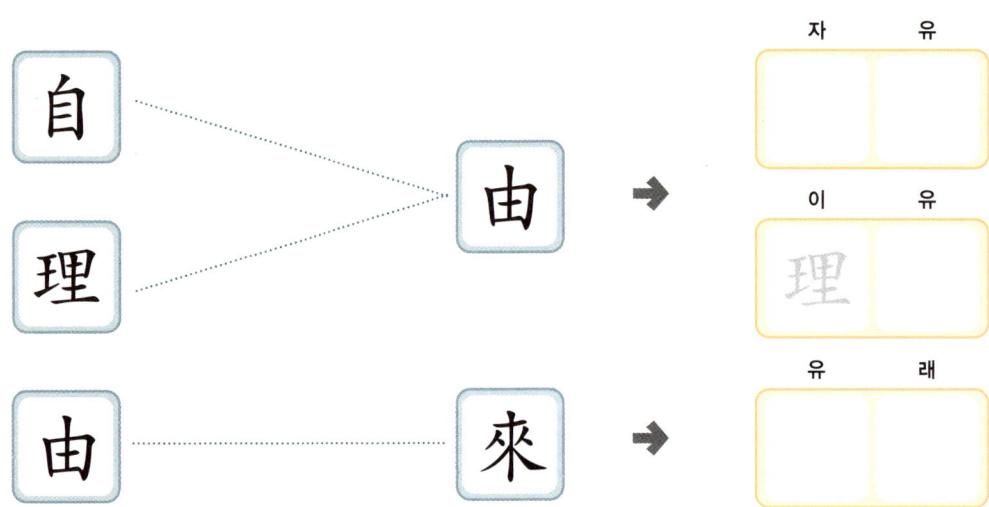

漢字語 쓰기

○ 原이 들어가는 한자어를 알아보고 빈 칸에 한자어를 쓰세요.

原子力(원자력) : 원자핵의 변환에 따라 방출되는 에너지

原因(원인) : 사물의 말미암은 까닭

草原(초원) : 풀이 난 들판

○ 빈 칸에 알맞은 한자를 써 넣어 原이 들어가는 한자어를 알아보세요.

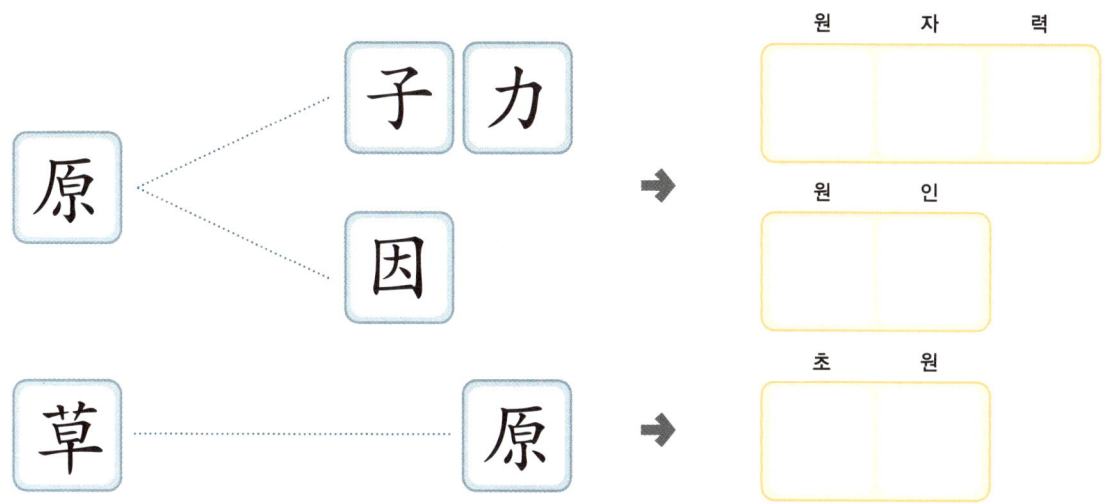

漢字語 쓰기

◎ 因이 들어가는 한자어를 알아보고 빈 칸에 한자어를 쓰세요.

原因(원인) : 사물의 말미암은 까닭

因果(인과) : 원인과 결과

要因(요인) : 중요한 원인

◎ 빈 칸에 알맞은 한자를 써 넣어 因이 들어가는 한자어를 알아보세요.

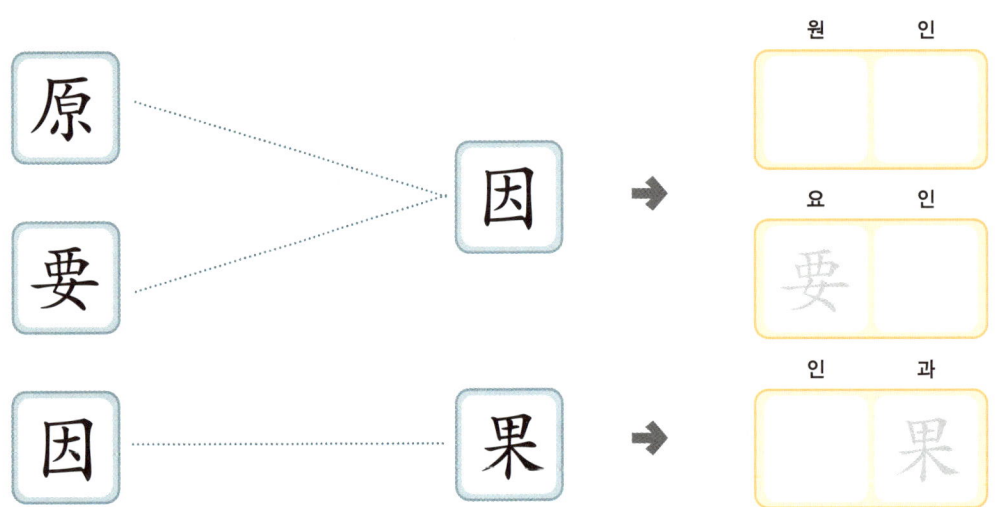

필순의 일반적 원칙

1. 위에서 아래로 씁니다.

三 : 一 二 三   言 : 丶 一 二 三 言 言

2. 왼쪽에서 오른쪽으로 씁니다.

川 : 丿 丿 川   林 : 一 十 才 木 朴 村 材 林

3. 가로획과 세로획이 교차될 때는 가로획을 먼저 씁니다.

十 : 一 十   土 : 一 十 土

4. 좌우의 모양이 같을 때는 가운데를 먼저 씁니다.

小 : 亅 小 小   水 : 亅 기 水 水

5. 전체를 꿰뚫는 획은 제일 나중에 씁니다.

中 : 丨 口 口 中   母 : 乚 𠀆 母 母 母

6. 바깥쪽과 안쪽이 있을 때는 바깥쪽을 먼저 씁니다.

風 : 丿 几 凡 凡 𣳾 風 風 風 風   向 : 丿 丨 冂 向 向 向

7. 둘레를 막아 주는 획은 마지막에 씁니다.

目 : 丨 冂 月 目 目   四 : 丨 冂 四 四 四

기탄 한자 쓰기 5단계

펴낸이 : 정지향 | 펴낸곳 : (주)기탄교육 | 기획·편집·디자인 : 기탄교육연구소
주소 : 06698 서울특별시 서초구 효령로 40 기탄출판센터 | 등록 : 제2000-000098호 | 전화 : (02)586-1007 | 팩스 : (02)586-2337
※서점에 갈 시간이 없거나 구하기 어려운 분은 인터넷 또는 전화로 신청하세요. 즉시 우송해 드립니다. www.gitan.co.kr

ⓒ (주)기탄교육 All rights reserved. 본 교재의 저작에 관한 모든 권리는 (주)기탄교육에 있습니다.
저작권자의 동의 없이 본 교재를 무단으로 복제하거나 전재하는 것을 금합니다.

E1 집
3호

33a - 48a

초등 교과서 한자어를 총체 분석한 어휘력 향상 한자 학습 프로그램

기탄 교과서 한자

공부한 날   월   일 ~   월   일
                교   반
이름   전화

www.gitan.co.kr

기초부터 탄탄하게
기탄교육

E단계 학습 한자 일람

E단계							
1집	寸,京,品,市	2집	同,求,失,反	3집	不,非,未,必	4집	星,軍,相,和
	巨,具,各,曲		告,共,首,民		知,加,字,幸		單,別,命,祖
	可,由,原,因		元,先,年,回		表,形,味,香		居,章,異,再
	복습		복습		복습		복습

학습 진단 관리표

	한자		한자어		이번 주는
	읽기	쓰기	읽기	쓰기	
금주평가	Ⓐ 아주 잘함	Ⓐ 아주 잘함	Ⓐ 아주 잘함	Ⓐ 아주 잘함	● 학습방법　❶ 매일매일　❷ 가끔　❸ 한꺼번에 하였습니다.
	Ⓑ 잘함	Ⓑ 잘함	Ⓑ 잘함	Ⓑ 잘함	● 학습태도　❶ 스스로 잘　❷ 시켜서 억지로 하였습니다.
	Ⓒ 보통	Ⓒ 보통	Ⓒ 보통	Ⓒ 보통	● 학습흥미　❶ 재미있게　❷ 싫증내며 하였습니다.
	Ⓓ 노력해야 함	Ⓓ 노력해야 함	Ⓓ 노력해야 함	Ⓓ 노력해야 함	● 교재내용　❶ 적합하다고　❷ 어렵다고　❸ 쉽다고 하였습니다.
	지도 교사가 부모님께				부모님이 지도 교사께

종합평가　　Ⓐ 아주 잘함　　Ⓑ 잘함　　Ⓒ 보통　　Ⓓ 노력해야 함

1 일차
33a~35b
- 다시보기를 통하여 巨, 具, 各, 曲의 훈, 음, 형, 한자어를 복습합니다.
- 이번 주에 학습할 可, 由, 原, 因의 용례를 문장 속에서 찾아봅니다.
- 能, 決, 要는 아직 배우지 않은 한자이므로 확인하기의 훈음을 참조합니다.

2 일차
36a~39b
- 알아보기를 통하여 可, 由, 原, 因의 3요소와 필순, 부수를 학습합니다.
- 한자 可, 由, 因은 모두 모양이 비슷한 한자(司, 田, 曲, 困, 囚)에 유의하며 학습합니다.

3 일차
40a~42b
- 만화를 통해 고사성어 見物生心의 뜻과 쓰임을 알아보고 적절하게 사용할 수 있습니다.
- 可, 由와 다른 한자를 결합하여 可決, 不可能, 由來, 理由 등의 한자어를 익힙니다.
- 造語(조어) 과정을 이해하여 제시된 한자어 이외의 다른 한자어도 만들어 봅니다.

4 일차
43a~45b
- 동화 '슬기로운 재판'을 읽고 지금까지 배운 한자를 문장 속에 활용해 학습합니다.
- 草原, 原因, 因果 등의 한자어는 일상 생활에서 많이 사용하는 어휘이므로 쓸 수 있도록 연습합니다.

5 일차
46a~48a
- 이육사의 시 '절정'을 감상하고 시 속에 쓰인 한자어의 3요소를 학습합니다.
- 풀어보기, 형성평가를 통해 학습한자를 정리하고 '도끼를 갈아 바늘을 만들다'를 통해 시인 이백의 일화를 읽어 봅니다.

1. 다음 빈 칸에 알맞게 쓰세요.

| 巨 | 클 거 | | | 갖출 | 구 |
| 各 | | 각 | 曲 | 굽을 곡조 | |

2. 다음 빈 칸에 알맞은 훈음을 쓰세요.

E1-33a 기탄한자

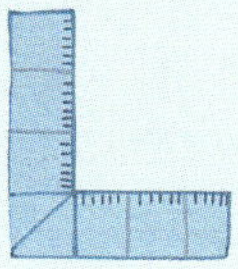

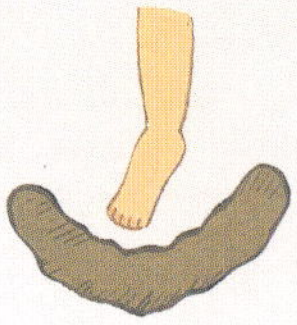

3. 다음 보기 에서 알맞은 한자어를 찾아 쓰세요.

보기: 各自   巨人   道具   作曲

☐ : 각각의 자기, 제각기

作曲 : 악곡을 지음. 또는 그 악곡

☐ : 어떤 일을 할 때 쓰이는 연장, 연모

☐ : 몸이 아주 큰 사람

4. 다음 보기 에서 알맞은 음을 찾아 쓰세요.

보기: 도구   각자   행진곡   거목

• 各自 ☐☐ 맡은 바 임무를 다할 때 우리 사회는 발전할 수 있다.

• 인간은 동물들과 달리 道具 ☐☐ 를 사용할 줄 안다.

• 하루를 시작하는 아침을 行進曲 ☐☐☐ 으로 열어 보자.

• 마을 입구의 아름드리 巨木 ☐☐ 이 그늘을 만들어 준다.

可가 쓰인 문장을 읽고 빈 칸에 한자어의 음을 쓰세요.

'환경 마크'나 '재활용 **可能(가능)** 표시'가 되어 있는 상품을 구입합니다.

전체 39명 중에서 32명이 찬성하였으므로, '조용한 교실 만들기'는 **可決(가결)** 되었습니다.

확인하기 能 : 능할 능(G2-7)　　決 : 결단할 결(F3-9)

🔎 由가 쓰인 문장을 읽고 빈 칸에 한자어의 음을 쓰세요.

학습 활동을 하는 동안 의견이나 생각을 **自由(자유)**롭게 발표하며 수업에 적극적으로 참여합시다.

自 由
☐ ☐

경상 남·북도와 서울을 잇는 고개로, '새재' 또는 '문경새재'라 부른다. '새재'는 '새가 넘던 고개'란 말에서 **由來(유래)** 하였다.

由 來
☐ ☐

확인하기 自 : 스스로 자(B2-6)   來 : 올 래(C2-6)

原이 쓰인 문장을 읽고 빈 칸에 한자어의 음을 쓰세요.

작은 아버지께서는 **原子力(원자력)** 발전소에서 근무하고 계십니다.

어떤 일이 일어나게 한 일을 '**原因(원인)**' 이라 하고, 그 일 때문에 일어나게 된 일을 '결과' 라고 합니다.

子 : 아들 자(B1-2)   力 : 힘 력(A4-14)

因이 쓰인 문장을 읽고 빈 칸에 한자어의 음을 쓰세요.

규칙을 지키지 못하는 **原因(원인)**이 무엇인지 토의합니다.

原 因
□ □

소아 비만의 환경 **要因(요인)**에는 부모의 성격, 가족 수, 텔레비전 시청 시간 등이 있다.

要 因
□ □

확인하기 要 : 요긴할 요(G1-2)

可의 훈과 음을 읽어 보세요.

훈 : 옳을 음 : 가

可가 만들어진 유래를 알아보세요.

口(입 구)와 자 모양의 나무 막대기를 나타내는 丁(넷째 천간 정)을 합해 만든 한자입니다. 나무 막대기는 권위를 나타내는 것으로 입으로 말하여 허락하다, 옳다를 뜻하게 되었습니다.

빈 칸에 알맞게 쓰세요.

可는 口와 자 모양의 나무 막대기 모양인 丁을 합해 만든 한자로

훈은 ☐ 이고, **음**은 ☐ 입니다.

口 : 입 구(A3-10)   丁 : 넷째 천간 정   • 可는 '옳다' 라는 뜻 이외에도 '허락하다' 의 뜻으로 많이 쓰입니다.

🌙 可의 부수와 총획수를 알아보고 빈 칸에 알맞게 쓰세요.

可
옳을 가

부수 – 口   총획 – 5획

▶ 口는 '입 구' 입니다.

· 可의 **훈**은 [ ]이고, **음**은 [ ]입니다.

· 可의 **부수**는 [ ]이고, **총획**은 [ ]입니다.

✏️ 可의 필순을 알아보고 알맞게 쓰세요.

一 丁 丌 叮 可

可 可 可

확인하기 • 可와 모양이 유사한 한자는 司(맡을 사)가 있습니다.

📖 由의 훈과 음을 읽어 보세요.

훈:말미암을 음:유

💭 由가 만들어진 유래를 알아보세요.

바닥이 깊은 술 단지의 모양을 본뜬 한자로 나중에 말미암다의 뜻을 나타내게 되었습니다.

✏️ 빈 칸에 알맞게 쓰세요.

由는 바닥이 깊은 술 단지의 모양을 본뜬 한자로

훈은 ☐ 이고, 음은 ☐ 입니다.

확인하기 • '말미암다' 는 어떠한 일의 근원, 시작을 나타내는 말입니다. • 由의 자원은 나뭇가지에서 비롯되는 열매의 모양을 본떠 만들어진 한자라는 견해도 있습니다.

🌀 由의 부수와 총획수를 알아보고 빈 칸에 알맞게 쓰세요.

由
말미암을 유

부수 - 田   총획 - 5획

▶田은 '밭 전' 입니다.

· 由의 **훈**은 [　　] 이고, **음**은 [　　] 입니다.
· 由의 **부수**는 [　　] 이고, **총획**은 [　　] 입니다.

🌀 由의 필순을 알아보고 알맞게 쓰세요.

ㅣ ㄇ 冂 由 由

[확인하기] • 由의 부수는 田으로 총획수가 田과 같습니다.   • 由와 비슷한 모양의 한자 구별에 유의합니다. 예) 田(밭 전), 曲(굽을 곡), 甲(갑옷 갑), 申(펼/납 신)

기탄한자 E1-37b

📖 原의 훈과 음을 읽어 보세요.

훈: 근원 음: 원

📖 原이 만들어진 유래를 알아보세요.

厂 + 泉 → 原

언덕 한   샘 천

厂(언덕 한)과 泉(샘 천)을 합해 만든 한자입니다. 본래 언덕(厂)에서 흘러나오는 물(泉)의 근원을 뜻했으나 이제는 근원, 근본, 들판 등의 뜻으로 쓰입니다.

📖 빈 칸에 알맞게 쓰세요.

原은 ｜厂 (언덕 한)｜과 ｜泉 (샘 천)｜을 합해 만든 한자로

훈은 ｜   ｜이고, 음은 ｜   ｜입니다.

확인하기 厂: 언덕 한   泉: 샘 천
• 原은 본래 물의 근원을 뜻했는데 후에 들판의 뜻으로도 쓰이게 되자 물의 근원을 뜻하는 한자로 水를 더하여 源(근원 원)을 만들었습니다.

🔶 原의 부수와 총획수를 알아보고 빈 칸에 알맞게 쓰세요.

原
근원 원

부수 – 厂   총획 – 10획

▶ 厂는 '언덕 한' 입니다.
▶ 厂는 '민엄호' 또는 '기슭 엄' 으로도 읽습니다.

· 原의 **훈**은 [　　] 이고, **음**은 [　　] 입니다.
· 原의 **부수**는 [　　] 이고, **총획**은 [　　] 입니다.

🔶 原의 필순을 알아보고 알맞게 쓰세요.

一 厂 厂 厂 厈 所 盾 原 原 原

原 原 原 原

확인하기 • 厂이 부수로 쓰이는 한자는 주로 벼랑, 돌, 낭떠러지 등과 관련 있는 뜻입니다. 예) 厓(언덕 애)

📖 因의 훈과 음을 읽어 보세요.

훈: 인할 음: 인

🔍 因이 만들어진 유래를 알아보세요.

口(큰입 구)와 大(큰 대)를 합한 한자로 口는 돗자리의 모양을 본떴고, 大는 그 위에 팔다리를 뻗고 누워 있는 사람의 모습을 나타냅니다. 돗자리에 기댔다는 데서 의지하다, 까닭, ~때문을 뜻합니다.

✏️ 빈 칸에 알맞게 쓰세요.

因은 [   ](큰입 구) 와 [   ](큰 대) 를 합한 한자로

훈은 [   ] 이고, 음은 [   ] 입니다.

확인하기 口: 큰입 구   大: 큰 대(A4-14)   • '인하다' 라는 뜻은 원인, 이유 등을 나타내는 말입니다.

🔍 因의 부수와 총획수를 알아보고 빈 칸에 알맞게 쓰세요.

因
인할 인

부수 - 口   총획 - 6획

▶口는 '에운담' 또는 '큰입 구' 입니다.
▶口는 한자의 둘레를 감싸고 있어 '에운담' 이라 합니다.

· 因의 **훈**은 [ ] 이고, **음**은 [ ] 입니다.

· 因의 **부수**는 [ ] 이고, **총획**은 [ ] 입니다.

✏️ 因의 필순을 알아보고 알맞게 쓰세요.

丨 冂 冃 団 因 因

🔖 • 因의 부수는 口으로 '입 구'와 구별해 '큰입 구' 라고 읽습니다.   • 因과 비슷한 모양의 한자 구별에 유의합니다. 예) 困(곤할 곤), 囚(가둘 수)

見 物 生 心

見 : 볼/뵈올 견/현   物 : 물건 물   生 : 날 생   心 : 마음 심

見物生心 견물생심

물건을 보면 그것을 가지고 싶은 마음이 생김을 뜻합니다.

보기 와 같이 빈 칸에 알맞게 쓰세요.

한 달 안에 5Kg 감량이 **可能(가능)**한 일일까?

1.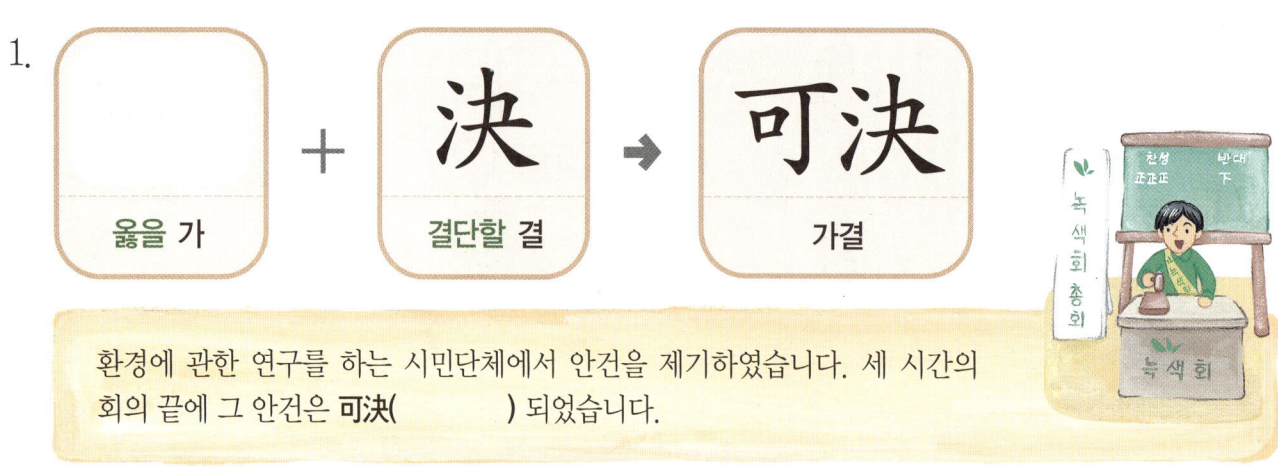

환경에 관한 연구를 하는 시민단체에서 안건을 제기하였습니다. 세 시간의 회의 끝에 그 안건은 **可決(　　　)** 되었습니다.

2.

당신들이 땅을 소유할 수 있다고 생각하듯이 당신들만의 하나님을 소유하고 있다고 생각할지 모르지만, 그것은 **不可能(　　　)**한 일입니다.

확인하기 能 : 능할 능(G2-7)   決 : 결단할 결(F3-9)   不 : 아닐 불/부(E3-9)

可를 필순에 맞게 쓰세요.

옳을 가

빈 칸에 可를 써 넣어 한자어를 만들고, 그 뜻을 읽어 보세요.

| | 能 | | 能 | | 能 |

可能(가능) : 할 수 있음

| | 決 | | 決 | | 決 |

可決(가결) : 제출된 의안을 좋다고 인정하여 결정함

| 不 | | 能 | 不 | | 能 |

不可能(불가능) : 할 수 없음. 불능

보기 와 같이 빈 칸에 알맞게 쓰세요.

보고 싶은 사람들이 **自由(자유)**롭게 서로 왕래할 수 있게 되었다.

1.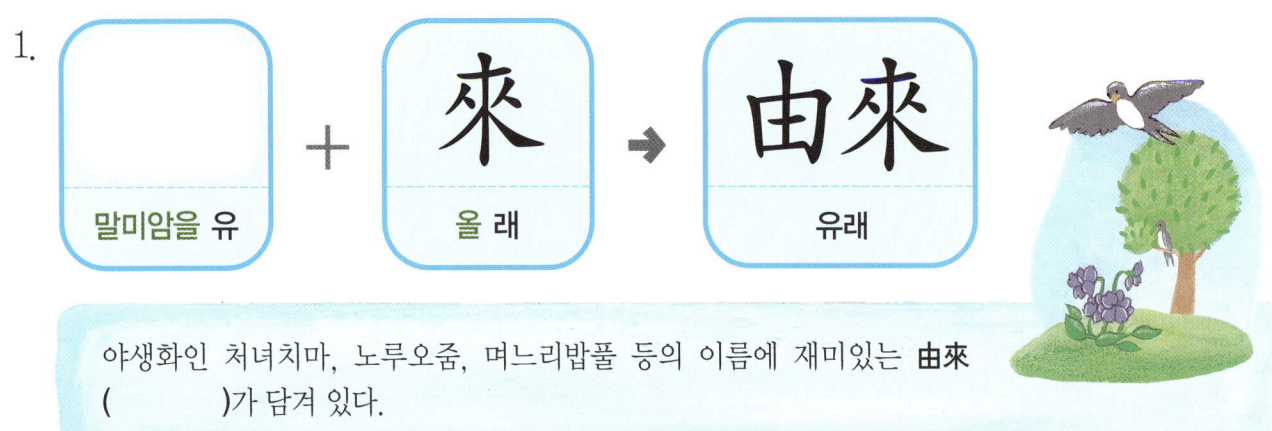

야생화인 처녀치마, 노루오줌, 며느리밥풀 등의 이름에 재미있는 **由來**( )가 담겨 있다.

2.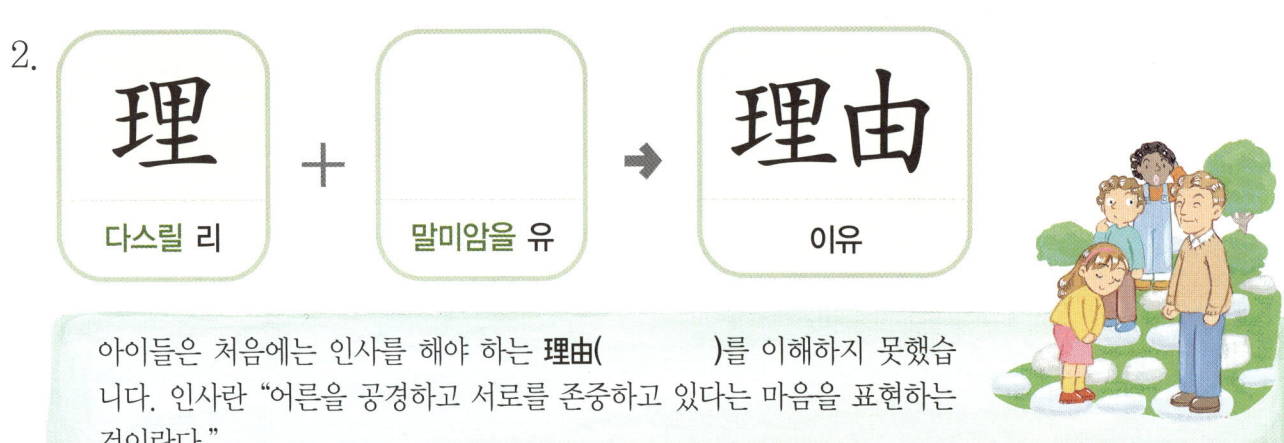

아이들은 처음에는 인사를 해야 하는 **理由**( )를 이해하지 못했습니다. 인사란 "어른을 공경하고 서로를 존중하고 있다는 마음을 표현하는 것이란다."

확인하기 自 : 스스로 자(B2-6)   來 : 올 래(C2-6)   理 : 다스릴 리(G4-15)   ·理는 단어의 첫음절로 쓰이면 '이'로 소리납니다.

由를 필순에 맞게 쓰세요.

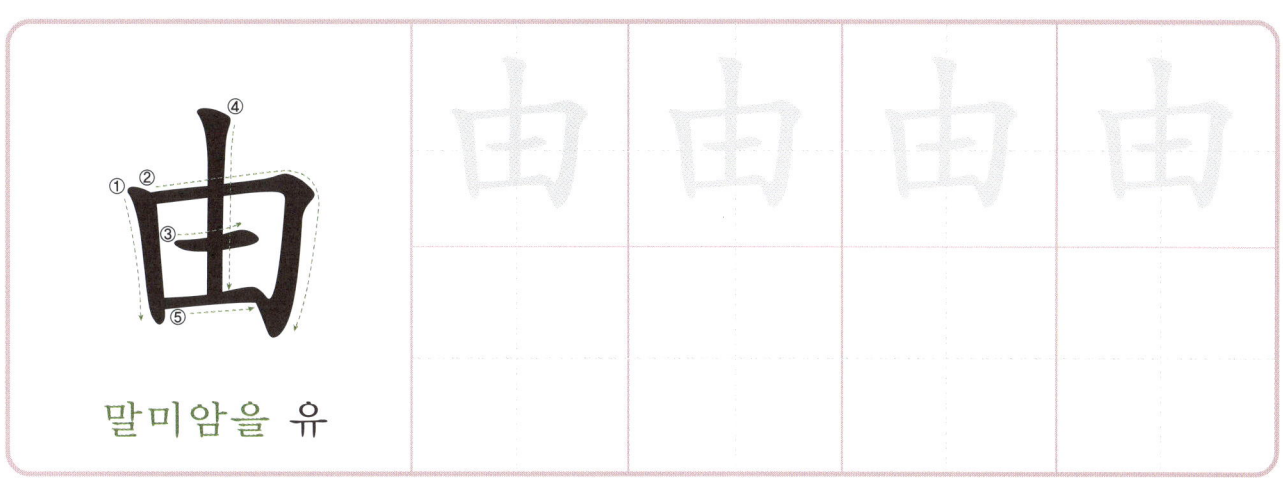

말미암을 유

빈 칸에 由를 써 넣어 한자어를 만들고, 그 뜻을 읽어 보세요.

自☐   自☐   自☐

自由(자유) : 남에게 얽매이거나 구속받거나 하지 않고 자기 마음대로 행동하는 일

☐來   ☐來   ☐來

由來(유래) : 사물이 어디에서 연유하여 옴, 또는 그 내력

理☐   理☐   理☐

理由(이유) : 까닭, 사유

동화를 읽고 보기 에서 알맞은 한자나 음을 찾아 쓰세요.

슬기로운 재판 1

마을 어귀에서 시끄러운 소리가 들려왔습니다. 부잣집 영감님과 농부 아저씨가 수달 한 마리를 놓고 서로 자기 것이라고 싸우는 중이었지요. 이유인 즉, 농부가 발견하고 쫓던 수달을 영감님네 개가 냉큼 잡아버린 일 때문이었어요.

"영감님, 제가 그놈을 잡으려고 얼마나 공들인지 아십니까? 이른 아침부터 헤매다 겨우 찾은 거란 말입니다."

"힝! 가당치도 않은 소리! 우리 집 개가 잡았으니 당연히 내 것이지!"

결국 두 사람은 관가로 갔습니다.

보기   由   可   소용   원인   公平

누가 **옳은지** ☐ 판가름해 줄 사람이 필요했기 때문이지요.

"그래, 싸우게 된 **原因** ☐☐ 이 무엇이냐?"

원님은 두 사람의 말을 듣고 잠시 고민했습니다.

"흠, 별수 없구나! 수달을 **공평** ☐☐ 하게 반으로 나눌 수 밖에……."

하지만 원님의 결정은 두 사람 모두에게 못마땅했습니다.

그렇게 함으로 **말미암아** ☐ 두 사람 모두에게 이익이 없기 때문이었죠.

"안 됩니다. 수달은 털이 중요한 건데……."

"그럼요, 그렇게 되면 아무짝에도 **所用** ☐☐ 없어지는 걸요."

―계속―

| 확인하기 | 所 : 곳/바 소(D1-2) | 用 : 쓸 용(D1-3) | 公 : 공평할 공(D2-5) | 平 : 평평할 평(D2-5) |

보기 와 같이 빈 칸에 알맞게 쓰세요.

우리 나라는 수력·**原子力(원자력)**·화력 발전소에서 전기를 생산하고 있습니다.

1.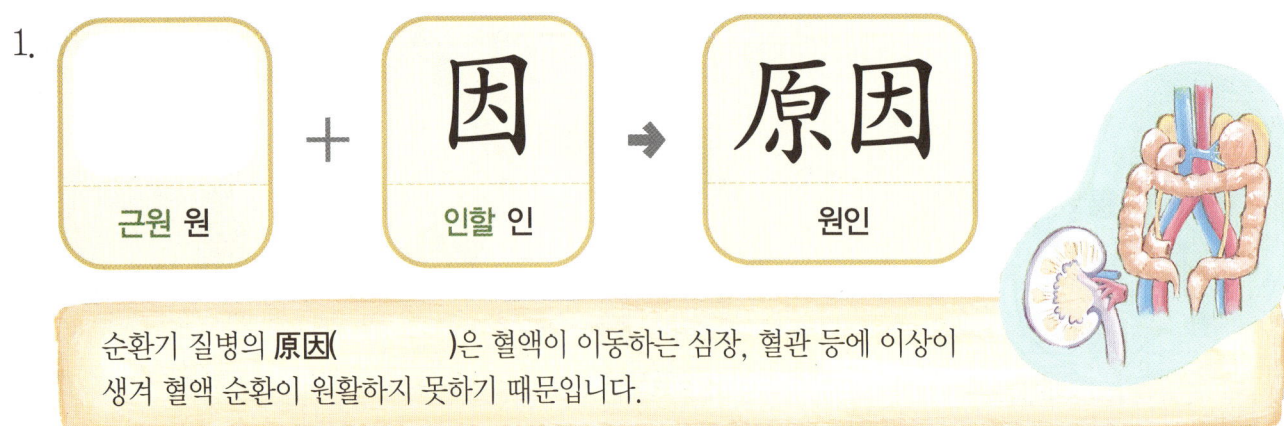

순환기 질병의 **原因(　　　)**은 혈액이 이동하는 심장, 혈관 등에 이상이 생겨 혈액 순환이 원활하지 못하기 때문입니다.

2.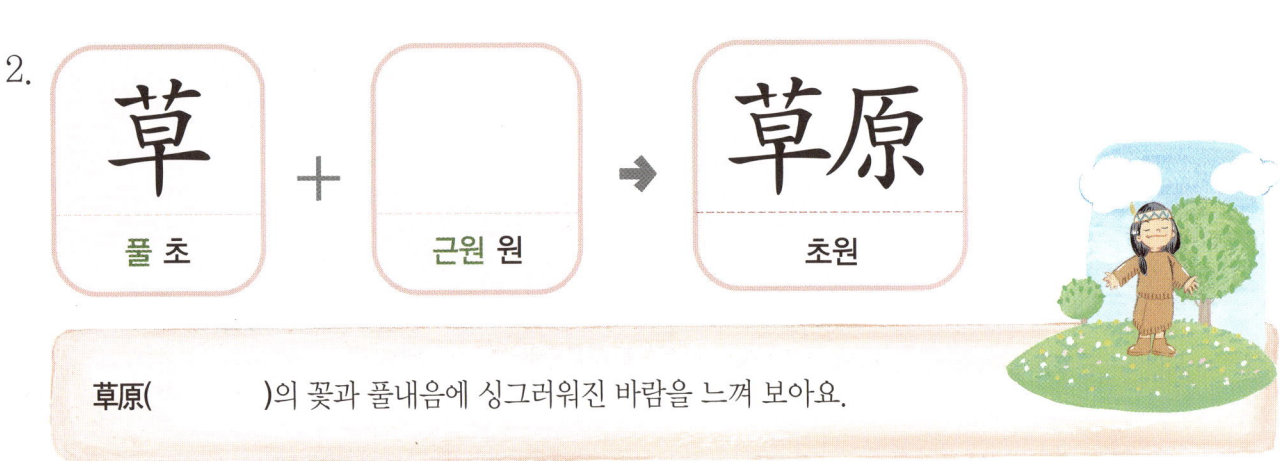

草原(　　　)의 꽃과 풀내음에 싱그러워진 바람을 느껴 보아요.

확인하기　子 : 아들 자(B1-2)　　力 : 힘 력(A4-14)　　草 : 풀 초(B4-13)

原을 필순에 맞게 쓰세요.

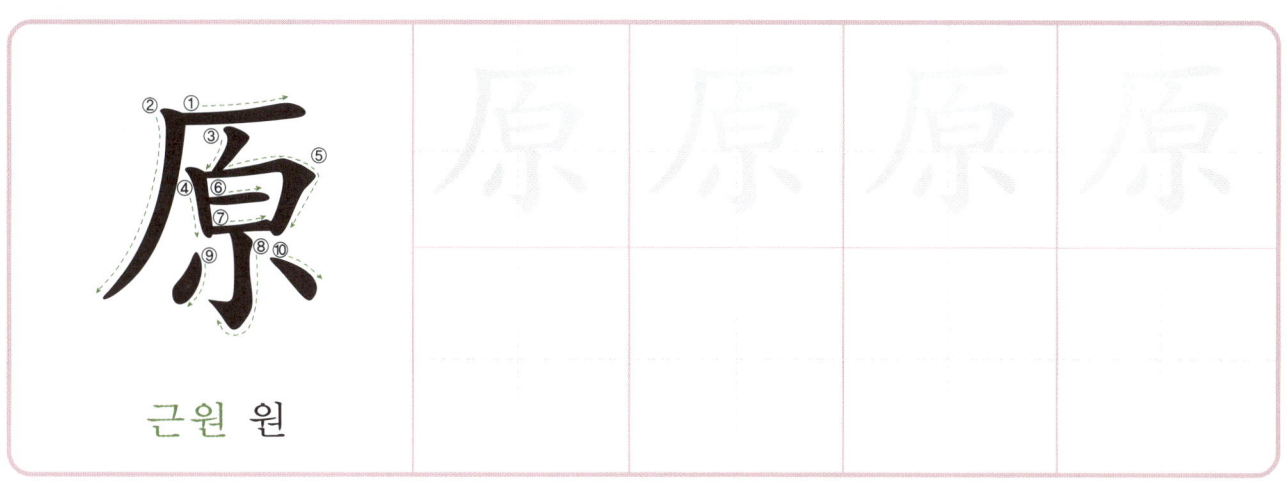

근원 원

빈 칸에 原을 써 넣어 한자어를 만들고, 그 뜻을 읽어 보세요.

原子力(원자력) : 원자핵의 변환에 따라 방출되는 에너지

原因(원인) : 사물의 말미암은 까닭

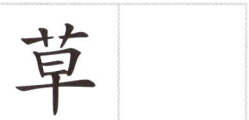  

草原(초원) : 풀이 난 들판

因으로 漢字語 만들기

보기 와 같이 빈 칸에 알맞게 쓰세요.

보기

原 (근원 원) + 因 (인할 인) → 原因 (원인)

착한 할아버지와 욕심쟁이 할아버지에게 일어난 일을 原因(원인)과 결과로 나누어 생각하여 봅시다.

1. ☐ (인할 인) + 果 (열매 과) → 因果 (인과)

소비자들이 자동차 급발진 사고의 제품 결함과 사고의 **因果**( ) 관계를 입증하고, 제조업체의 과실을 밝혀내는 것은 불가능에 가깝다.

2. 要 (요긴할 요) + ☐ (인할 인) → 要因 (요인)

유전 **要因**( ) : 비만 부모의 자녀 중에 비만아가 많은 것이 확실하지만, 꼭 그렇지는 않다.

확인하기 果 : 열매 과(G1-1)   要 : 요긴할 요(G1-2)

因을 필순에 맞게 쓰세요.

인할 인

빈 칸에 因을 써 넣어 한자어를 만들고, 그 뜻을 읽어 보세요.

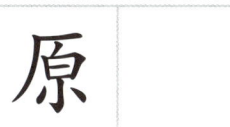 

原因(원인) : 사물의 말미암은 까닭

因果(인과) : 원인과 결과

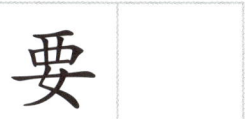  

要因(요인) : 중요한 원인

詩로 배우는 漢字

📖 詩를 읽고 물음에 답하세요.

절정
이육사

매운 계절의 채찍에 갈겨
마침내 ㉠북방으로 휩쓸려 오다.

하늘도 그만 지쳐 끝난 고원
서릿발 칼날진 그 위에 서다.

어디다 무릎을 꿇어야 하나?
한 발 제겨 디딜 ㉡곳조차 없다.

이러매 눈감아 생각해 볼 밖에
겨울은 강철로 된 무지갠가 보다.

1. ㉠을 한자로 바꾸어 쓰세요.

2. ㉡의 뜻에 알맞은 한자를 고르세요.
   ① 所 ② 京 ③ 由 ④ 市

> **이육사** [李陸史, 1904.4.4~1944.1.16]
> 호는 육사, 본명은 원록이며 경상북도 안동에서 태어났습니다.
> 1925년 독립운동단체인 의열단에 가입한 뒤 1927년 장진홍의 조선은행 대구지점 폭파사건에 연루되어 3년 간 옥고를 치렀습니다. 그때 감옥에서 불리던 번호 '64'를 따라, 호를 '육사'라고 지었다고 합니다.
> 《황혼》을 《신조선》에 발표하여 데뷔한 뒤, 《청포도》, 《교목》, 《절정》, 《광야》 등의 작품을 남겼습니다.
> 1943년 6월에 동대문경찰서 형사에게 체포되어, 이듬해 베이징 감옥에서 죽음을 맞이했습니다. 일제시대 끝까지 민족의 양심을 지키며, 죽음으로써 일제에 항거한 시인입니다.

이번 주에 배운 한자어를 넣어, 그림의 상황에 어울리게 짧은 글을 지어 보세요.

草原

自由

1. 서로 관련 있는 것끼리 선으로 이으세요.

因 · · 인할 · · 가

可 · · 옳을 · · 유

原 · · 근원 · · 원

由 · · 말미암을 · · 인

2. 다음 빈 칸에 공통적으로 들어갈 한자를 보기 에서 찾아 쓰세요.

보기 　原　因　由　可

☐능　☐결　불☐능 …… ☐

원☐　☐과　요☐ …… ☐

자☐　이☐　☐래 …… ☐

☐자력　☐인　초☐ …… ☐

3. 다음 밑줄 친 낱말의 뜻에 알맞은 한자를 쓰세요.

- 그 사건은 아주 작은 일에서 **말미암게**(　　) 되었다.
- 외국에 입양된 입양아들이 자신의 **근원**(　　)을 찾기 위해 우리 나라를 방문했다.
- 그의 생각이 **옳았다는**(　　) 것을 깨달았을 때는 이미 너무 늦은 때였다.
- 한 그루의 작은 나무를 심음으로 **인하여**(　　) 공기를 맑게 하고 홍수를 예방하도록 한다.

4. 서로 관련 있는 것끼리 선으로 이으세요.

可　　　因　　　由　　　原

口 - 총5획　　田 - 총5획　　口 - 총6획　　厂 - 총10획

5. 다음 빈 칸에 알맞은 한자어를 보기 에서 찾아 쓰세요.

보기　　原子力　　自由　　原因　　由來

- 경상북도 울진, 월성, 전라남도 영광에 [원][자][력] 발전소가 있다.
- 신체의 [자][유]도 중요하지만 정신적인 [자][유]도 매우 중요하다.
- 서울시 마포구 도화동은 예전에 복숭아 밭이 많았던 데서 [유][래] 된 이름이다.
- 무슨 일이 발생하면 항상 자신에게서 [원][인]을 찾는 점은 본받을 만하다.

도끼를 갈아 바늘을 만들다

중국 당나라 때의 유명한 시인 이백은 두보와 더불어 시로써 쌍벽을 이루었습니다. 이백이 촉땅의 성도에서 자랄 때 이런 일이 있었습니다.

이백은 학문에 매진하기 위해 집을 떠나 상의산으로 들어가 하루하루를 열심히 보냈습니다. 하루는 학문에 싫증나 산 아래로 내려가는데, 냇가에 이르러 백발이 성성한 한 할머니가 바위에 도끼를 힘껏 갈고 있는 모습을 보게 되었습니다.

이백은 그 할머니의 행동에 의문이 생겨 물었습니다.

"할머니, 지금 뭘 하고 계십니까?"

할머니는 부지런히 도끼를 갈며 말했습니다.

"바늘을 만들려고 도끼를 갈고 있단다."

이백은 황당하다는 표정을 지으며 말했습니다.

"예? 도끼를 갈아서 바늘을 만들어요?"

"그렇다. 중도에 그만두지만 않으면 만들 수 있지."

이백은 도끼를 갈아 바늘을 만드는 할머니의 인내심과 노력에 크게 감동되는 바가 있어, 발길을 돌려 다시 산으로 향했습니다.

이후로 이백은 학문에 정진하여 훗날 시선(詩仙)이라 일컬어지는 천재 시인이 되었습니다.

- 이백(李白 701~762) : 자는 태백(太白)으로 두보와 함께 중국 최고의 시인으로 꼽히며 시선(詩仙)으로 불립니다. 1100여 편의 작품이 전하여지고 있으며 그의 삶은 각지를 방랑하며 불우한 생애를 보냈습니다. 시풍은 이상적이고 환상적이며 도교의 영향을 받은 작품을 남겼습니다. 술에 취해 강물 속에 달을 건지러 들어가 익사했다는 이야기가 전해집니다.

 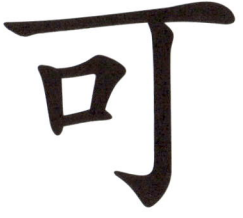

可
옳을 가

由
말미암을 유

原
근원 원

因
인할 인

可 由 原 因

옳을 가 말미암을 유 근원 원 인할 인

由	可
因	原
	可由原因

E단계 3호 해답

33a 1. 거, 具, 각각, 곡
2. 갖출 구, 굽을/곡조 곡, 각각 각, 클 거
33b 3. 各自, 作曲, 道具, 巨人
4. 각자, 도구, 행진곡, 거목
34a 가능, 가결
34b 자유, 유래
35a 원자력, 원인
35b 원인, 요인
36a 옳을, 가
36b 옳을, 가, 口, 5획
37a 말미암을, 유
37b 말미암을, 유, 田, 5획
38a 근원, 원
38b 근원, 원, 厂, 10획
39a 口, 大, 인할, 인
39b 인할, 인, 口, 6획
41a 1. 可, 가결 2. 可, 불가능
41b 可, 可, 可
42a 1. 由, 유래 2. 由, 이유
42b 由, 由, 由
43b 可, 원인, 公平, 由, 소용
44a 1. 原, 원인 2. 原, 초원
44b 原, 原, 原
45a 1. 因, 인과 2. 因, 요인
45b 因, 因, 因
46a 1. 北方   2. ①

47a 1.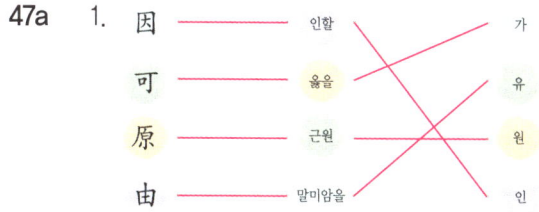
2. 可, 因, 由, 原
47b 3. 由, 原, 可, 因
4.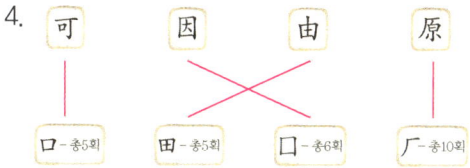
5. 原子力, 自由, 自由, 由來, 原因

형성평가

1. ④
2. ④
3. 由, 말미암을 유
4. 因
5. 자유
6. 유래
7. 원자력
8. 원인
9. 草原
10. 自由
11. 자유 — 由 — 來
12. 유래 — 自 — 因
13. 초원 — 草 — 由
14. 원인 — 原 — 原
15. ②
16. ②
17. 自由
18. 原子力
19. 草原
20. 原因

펴낸이 : 정지향
펴낸곳 : (주)기탄교육
기획·편집·디자인 : 기탄교육연구소
주소 : 06698 서울특별시 서초구 효령로 40 기탄출판센터
등록 : 제2000-000098호
전화 : (02) 586-1007
팩스 : (02) 586-2337

※ 서점에 갈 시간이 없거나 구하기 어려운 분은 인터넷 또는 전화로 신청하세요. 즉시 우송해 드립니다.

● www.gitan.co.kr

ⓒ (주)기탄교육 All rights reserved.
저작권자의 동의 없이 본 교재를 무단으로 복제하거나 전재하는 것을 금합니다.